Jeder Profi war mal Anfänger, also...

Fang an!

Dave Brych

Fang an!

VON DAVE BRYCH

VORWORT

Bin ich wirklich ein Macher?

VON SASCHA MAYNERT

Wenn man selbst sieben Firmen gegründet und drei davon erfolgreich verkauft hat, wenn man selbst hunderte Kunden- und Eigenprojekte in über 15 Jahren Selbstständigkeit realisiert hat, dann ist man ein Macher. Jedenfalls war das die Definition meines Umfeldes, von mir und auch mein Selbstbild.

Seit ich Dave vor drei Jahren kennengelernt habe, hat sich mein Verständnis eines Machers allerdings um 180 Grad gedreht. Denn zunächst hatte ich Dave vor allem als einen Geber und Helfer wahrgenommen. Er war ein fantastischer Gesprächspartner, der sein Know How im Bereich YouTube liebend gern und absichtslos mit mir geteilt hat. Schnell merkte ich aber, dass bei Dave mehr dahintersteckt als bloßes Wissen in einer Nische. Je näher ich ihn geschäftlich und privat kennenlernte, desto mehr war ich beeindruckt von seiner Vielfältigkeit und vor allem von seiner Umsetzungsgeschwindigkeit in zahlreichen Projekten aller Art. "Verzettelt der sich nicht?", "Wie macht er das bloß?", waren allerdings meine Fragen.

Im Mai dieses Jahres waren wir mal wieder gemeinsam auf einer Konferenz in Köln. Dave hatte gerade die Promotion seines Buches "Kopf Schlägt Potenzial" gestartet und stand wenige Stunden vor dem Launch. Ich habe noch nie einen Menschen so effizient seine Zeit auf einer Veranstaltung nutzen sehen. Strategisches Networking, Promotion für sein Buch, Launch des Buches bis tief in die Nacht, Wissen aus den Vorträgen aufsaugen und dazu noch spontan wertvollen Content für seine Social-Media-Kanäle produzieren im Halbstundentakt - sehr beeindruckend und inspirierend. "Trinkt, isst, verdaut der Typ überhaupt irgendwas?", fragte ich mich, während ich selbst im VIP-Raum gemütlich Kuchen aß. Was mich aber an diesem Tag am allermeisten beschäftigte, war die Tatsache, dass Dave nur wenige Stunden nach Ende der Konferenz (während ich schon erschöpft ins Bett fallen wollte) und nach drei Stunden Heimreise bereits sein gewonnenes Wissen des Wochenendes in einem Livestream mit vielen Menschen teilte. Zudem hatte er erste Maßnahmen des Gelernten schon selber in die Umsetzung gebracht. In diesem Moment wurde mir klar: Dave ist der Inbegriff eines Machers!

Im vorliegenden Buch "Fang an!" zeigt Dave, wie auch Du richtig anfängst und zu einem echten Macher wirst. Er knüpft nicht nur nahtlos an sein erstes Buch "Kopf schlägt Potenzial" an; nein, er verdeutlicht erneut sehr anschaulich, dass Machen ohne das richtige Mindset zum Scheitern verurteilt und Ideen ohne Umsetzung nichts wert sind. Das richtige Mindset ist die unabdingliche Basis für erfolgreiche Umsetzung. Daran lässt er keinen Zweifel. Erst dann öffnet er den Spalt zu einer neuen Welt, seiner Macher-Welt und macht Dir diese Tür anschließend komplett auf. Er führt Dich als Leser hier schonungslos ehrlich und wie gewohnt mit bildhaften Beispielen aus seinem eigenen Leben Schritt für Schritt in die Umsetzung.

Ein ganz besonderer Augenöffner ist sein selbst entwickeltes System der verschiedenen Umsetzungstypen. Wer sich hier ganz ehrlich selbst einordnet, dem sollte bewusst werden, wo er gerade im Leben steht und ob er wirklich ein Macher oder eher z.B. ein "Hahn" oder eine "Seegurke" ist, wie Dave liebevoll zwei seiner sechs Umsetzungstypen typologisiert. Dave gewährt tiefe und ganz konkrete Einblicke in sein persönliches Umsetzungssystem, welches ihm eine hohe Schlagzahl und Präzision ermöglicht. Denn Eines wird sehr schnell klar in diesem Buch: Mindset und Anfangen ist das Eine, aber es braucht ein System. Und das hat Dave, und dieses teilt er lebhaft und vor allem praxisnah mit Dir in diesem Buch. Durch "Fang an!" lernst Du somit auch, wie Du Fokus behältst, wie Du das richtige Team zusammenstellst, wie Du Dir einen Wettbewerbsvorteil sicherst und vor allem, wie Du motiviert bleibst. Natürlich kommt ein Macher nicht selten alleine und eine weitere Besonderheit dieses Buches ist, dass Dave Dich an seinem persönlichen Umfeld teilhaben lässt. Das spiegelt sich u.a. in den exklusiven und inspirierenden Gastkapiteln seiner Freunde und Partner wider.

Dave lebt Umsetzung und setzt dabei auf System. Sein Erfolg ist kein Zufall. "Fang an!" hat mir das verdeutlicht und daher persönlich auch viele Antworten auf meine Fragen gegeben. Mir ist klar geworden, dass ich eher eine "Spinne" (auch ein Umsetzungstyp aus Daves System) als ein Macher bin, die zwar schon viel angefangen und gemacht hat, aber trotz viel Erfahrung durchaus mehr System benötigt und nun zahlreiche neue Ansätze zur Umsetzung gewonnen hat. Alleine für diese Erkenntnisse durch dieses Buch bin ich Dave sehr dankbar und ich wünsche Dir beim Lesen dieses Buches ebenso viele Augenöffner und vor allem konkrete Impulse, wie Du noch mehr in die (richtige) Umsetzung kommst. Denn dafür steht "Fang an!" aus meiner Sicht.

In diesem Sinne:
Mach was draus und fang an!

Einleitung

Als Christopher Kolumbus Amerika entdeckte und zurück kam mit vielen, vielen Geschichten von Tieren und Menschen und außerdem mit Schätzen, da warfen ihm einige Leute vor, dass es ja nichts Besonderes sei, dass er Amerika entdeckt hat, denn schließlich hätte es jeder entdecken können. Und der Legende nach nahm Christopher Kolumbus daraufhin ein Ei. Er nahm ein Ei in die Hand und sagte zu der Person ihm gegenüber: "So, stell das Ei bitte einmal auf den Tisch." Und die Person ihm gegenüber versuchte, das Ei auszubalancieren. Und es rollte natürlich immer wieder um, weil Eier ja an allen Stellen sehr rund sind. Letztendlich gab die Person auf und Christopher Kolumbus nahm das Ei wieder an sich. Und dann schlug er es leicht auf den Tisch, dass es eine ganz leichte Delle bekam an einer Stelle. Und auf dieser stellte er es letztendlich ab. Und diese Legende, ob sie nun wahr ist oder nicht, symbolisiert eines: Möge die Idee auch noch so simpel sein und mögen die Möglichkeiten für alle gleich sein, so ist das Entscheidende, dass man es tut. Selbstverständlich, jeder hätte Amerika entdecken können. Aber nur Christopher Kolumbus ist losgefahren, es zu tun. Und das ist der Unterschied zwischen Machern und allen anderen.

Du möchtest etwas machen. Du möchtest etwas umsetzen. Du bist top motiviert und möchtest was reißen. Deswegen hast Du Dir dieses Buch besorgt. Deswegen hast Du danach gegoogelt. Oder Du hast jemanden gefragt, welches Buch er Dir empfehlen kann. Oder Du kennst Projekte von mir, die ich umgesetzt habe.

Weshalb ich bekannt bin als Dave, the Maker. Viele versprechen Dir eine Anleitung mit Shortcuts, wie Du sofort in die Umsetzung kommst. Aber ich sage Dir, es ist eine Symbiose, und zwei aus zwei wesentlichen Komponenten: Das eine ist das Mindset und das andere ist die Technik. Und diese beiden Aspekte muss man unbedingt vereinen. Die Hälfte des Umsetzens ist Psychologie. Du musst davon überzeugt sein. Du musst einen Grund haben, weshalb Du es tust. Du musst eine Leidenschaft entwickeln und dieses Feuer langfristig am Lodern halten. Und wenn Du das nicht tust, dann bist Du auf dem falschen Weg. Denn alle Technik, jedes System, jede Checkliste nützt Dir einfach nichts, wenn Du nicht die richtige Einstellung dafür hast. Wenn Du psychologisch nicht dafür bereit bis. Wenn Du keinen Bock hast, es zu machen. Wenn Du niedere Gründe hast, es zu machen.

Der Unterschied zwischen Umsetzern und allen anderen ist, dass Umsetzer wissen, wie man etwas umsetzt und es unbedingt wollen. Sie wollen es unbedingt, ohne Bedingungen. Und das bedeutet, sie gehen All-in für diese Vision. Denn wenn Du die Tools an die Hand bekommst und Du möchtest alleine damit umsetzen, hast aber nicht die Überzeugung, möchtest eigentlich nur auf halber Kraft etwas durchziehen oder sogar noch weniger, dann ist es leider zum Scheitern verdammt. Und dann solltest Du dieses Buch direkt jetzt wieder zuklappen. Sehr schön! Du liest weiter! Damit können wir arbeiten.

Du wirst in diesem Buch sehr viel über Dich selbst erfahren. Du erfährst natürlich, wie ich vorgehe, um Projekte umzusetzen. Und wenn Du Dich daran hältst und daran orientierst, wird es Dir auch leichter fallen, Projekte umzusetzen. Aber letztendlich wirst Du viel über Dich selber erfahren und erfahren, wo Du stehst. Welcher Umsetzungstyp Du bist. Wie Du zu Deinem Leben stehst. Wie Du zu Deinem Weg im Leben stehst. Wie Du zu Entscheidungen stehst. Wie Du zu Deinem Umfeld stehst. Und wohin es für Dich im Leben gehen soll.

Ich persönlich versuche immer, 110 Prozent zu geben. Ich versuche, mehr zu machen, als erwartet wird. Ich versuche, mehr zu machen, als nötig ist. Ich versuche, die Extrameile zu gehen. Und das ist der Grund, weshalb ich Lust und Leidenschaft habe für meine eigenen Projekte und genauso für Kundenprojekte. Und ich glaube, wenn man da so rangeht, dann wird man immer Spaß haben bei seiner Arbeit. Dann wird man Spaß haben an seinem Leben. Und dann erfüllt es einen mit Freude. Und das wiederum löst einen positiven Teufelskreis aus. Wie ist das bei Dir? Gibst Du 110 Prozent? Stehst Du hinter dem, was Du tust? Oder gibst Du überhaupt 100 Prozent?

Es gibt einen sehr schönen Spruch, der heißt: Wie Du eine Sache machst, so machst Du alles. Jetzt ist die Frage: Wie machst Du diese Sache? Es kann sein, dass diese Einleitung für Dich jetzt schon zu viel war. Das tut mir leid, aber noch einmal: Dann ist dieses Buch leider nicht das Richtige für Dich. Vielleicht denkst Du, ich bin nicht die Person, von der er redet. Oder in meiner Familie war das immer so und so. Darüber habe ich auch schon in meinem ersten Buch kurz gesprochen. Ich sage Dir: Nicht die Umstände, sondern unsere Entscheidungen bestimmen unser Leben. Also: Triff Du die Entscheidung, ob Du ein Macher bist oder nicht, indem Du dieses Buch jetzt weiterliest und Dir dabei Notizen machst und diese in Dein Leben etablierst.

Ich wünsche Dir ganz viel Spaß und Erfolg bei der Umsetzung. Mach was draus! Und denke daran: Jeder Profi war mal Anfänger. Also fang an!

Dein Dave.

KAPITEL 1

Ideen sind nichts wert, wenn Du nichts draus machst.

Es klingt vielleicht komisch und Du denkst Dir: Was soll das? Dave, Du bist der mit dem 5 IDEEN Kanal auf YouTube und im Podcast. Du schlägst uns Woche für Woche die besten Ideen aus Sachbüchern vor. Und jetzt sagst Du, Ideen seien nichts wert? Ja, genauso ist es. Deswegen ist mein Slogan oder auch mein Appell, den ich in jeder Sendung am Ende nenne: Mach was draus!

Das Wichtigste ist, dass man in die Umsetzung kommt. Und genau darum geht es in diesem Buch. Deswegen sage ich: Die besten Ideen sind nichts wert, wenn Du nichts draus machst. Und wenn Du jetzt denkst, um Gottes Willen, er spricht von mir, fühlst Dich ertappt: Hab keine Angst. Ich kann Dir sagen, es geht den meisten Menschen so. Mein Freund, Dirk Kreuter, sagt: Wir sind Wissensriesen und Umsetzungszwerge. Fakt ist: Wir leben in der Wissensgesellschaft. Wir leben in einer Gesellschaft, in der das Wissen verfügbar ist.

Es gibt Bücher ohne Ende. Zusätzlich gibt es Internetseiten mit sehr vielen Inhalten und Blogs. Aber es gibt genauso YouTube-Kanäle, wo die wichtigsten Inhalte wiederum aufbereitet sind und erklärt werden. Es gibt Wikipedia, wo man fast alles nachlesen kann. Es gibt Podcasts, in denen man das Wissen vertiefen kann. Die Quelle des Wissens ist nicht das Problem. Das Problem ist die Flut. Wir stehen mitten in der Wissensflut. Und jetzt müssen wir damit umgehen. Also geht es in diesem Buch vielmehr darum, zu selektieren, daraus eine Strategie zu entwickeln, um in die Umsetzung zu kommen. Manche nennen mich einen Macher. Ich gehe davon aus, dass dieser Begriff ein dynamischer Begriff ist. Das bedeutet, die Skala von Schnacker bis zum Macher wirst

Du in den Umsetzungstypen kennenlernen. Und das ist ein dynamischer Prozess. Das heißt, wenn Du sagst, Du bist heute noch kein Macher, bedeutet das nicht, dass Du nie einer werden kannst. Ich präsentiere Dir in diesem Buch meine Strukturen, mein Vorgehen und meine Systematik. Arbeite dieses Buch mit Notizblock und Stift durch. Implementiere die Ideen in Dein Leben, damit Du in die Umsetzung kommst.

Zum Thema Wissensgesellschaft habe ich noch eine Anekdote: Letztens schrieb mich jemand an über den Facebook-Messenger und sagte: "Dave, ich habe eine super Idee. Ich möchte mich selbstständig machen. Ich brauche nur noch einen Geschäftspartner. Und da liegt das Problem. Ich weiß nicht, wen ich fragen soll. Ich habe Angst, dass der, den ich anspreche und dem ich meine Idee verrate, diese ohne mich umsetzt und mir sie so klaut." Dann habe ich ihm eine Sprachnachricht aufgenommen und habe gesagt: "Hallo, vielen Dank für Deine Nachricht. Wenn die Idee so leicht umzusetzen ist, dass jemand, dem Du sie verrätst, sie sofort klauen kann, dann verstehe ich nicht, warum Du einen Geschäftspartner brauchst. Dann setze sie einfach selber um. Ansonsten ist die Idee nichts wert, wenn Du nichts daraus machst. Und wenn Du es nicht alleine umsetzen kannst, dann musst Du Dir jemanden reinholen. Habe keine Angst, Deine Idee jemandem zu verraten. Ich kann Dir versprechen: Die meisten Menschen würden Deine Idee nicht umsetzen, selbst wenn Du sie ihnen auf dem Silbertablett servierst."

Ein gutes Beispiel dafür ist Mike Fischer. Mike Fischer hat die erfolgreichste Fahrschule Deutschlands, und das in der Stadt Gera in Thüringen. Sein Erfolgsgeheimnis wird er selber schildern in Kapitel 13 in diesem Buch. Aber lass mich kurz vorwegnehmen: Die Idee eines Fahrschulinternats hätte jede Fahrschule in Deutschland kopieren können. Und als ich Mike zum ersten Mal traf, war meine Frage an ihn: "Mike, wie viele Fahrschulen haben Dein Konzept bisher kopiert?" Und er sagte: "Ich wüsste von keiner einzigen." Und da siehst Du es: Die Idee kann noch so groß sein, Du kannst sie auf einem Silbertablett servieren, garnieren und trotzdem sind dort Tausende, die diese Idee nicht umsetzen. Deswegen: Die Idee ist nichts wert, wenn Du nichts draus machst. Aber bitte verstehe mich nicht falsch. Ich habe nichts gegen Ideen. Ideen und Wissen als Inspiration brauche ich jede Woche, jeden Tag. Ich bin gierig danach. Deshalb konsumiere ich Bücher, Seminare, Kongresse und so weiter. Und deshalb liest Du dieses Buch. Aber es gibt unterschiedliche Art und Weisen, solche Inhalte zu konsumieren. Als ich begonnen habe zu lesen, da habe ich einfach Seite für Seite von oben nach unten durchgelesen, und am Ende war das Buch fertig. Ich habe es in den Schrank gestellt und gesagt: "Toll!" Ich war inspiriert. Ich war berauscht. Ich habe gedacht, die gelesenen Inhalte werde ich niemals vergessen. Und bereits eine Woche später habe ich das meiste nicht mehr gewusst und wahrscheinlich nichts davon implementiert in mein Leben. Heute lese ich Bücher intensiv, vielmehr arbeite ich sie durch. Ich streiche mir an. Ich mache mir Notizen. Ich klebe mir etwas rein. Ich schreibe auf die leeren Seiten. Ich baue mir mein eigenes Inhaltsverzeichnis. Die Bücher kann man danach niemandem mehr anbieten, weil sie aussehen wie vom Lkw überfahren. Aber darum geht es nicht. Du sollst keine hübschen Bücher im Schrank haben, sondern Du sollst die Inhalte für Dich rausziehen. Und bei mir sieht das nun mal so aus. Die Form Deiner Ideensammlung bestimmst alleine Du. Vergiss all die Schönschreibe-Aktionen, die Du in der Schule gelernt hast und dass man keine Eselsohren im Buch haben darf. Ein Buch ist wie ein Schlüssel. Ein Schlüssel zu einem riesigen Saal oder zu einem Schloss. Ich habe in meinem ersten Buch gesagt: Es gibt den positiven Broken-Window-Effekt. Du musst bei jedem Buch davon ausgehen, dass dieser positive Broken-Window-Effekt einsetzen könnte. Das heißt, dass dieses Buch den Anfang macht und Dich reinlässt in diesen großen, neuen Saal, in dieses große, neue Schloss. Und in diesem Buch möchte ich Dich einladen in mein Schloss der Umsetzung. Letztendlich bin ich der Meinung: Wenn Du YouTube-Videos schaust und Podcasts hörst, aber nichts daraus machst, dann ist das am Ende des Tages nur Entertainment, nur Unterhaltung. Dann beschäftigst Du Dich zwar mit ernsthaften Inhalten, aber Du gehst nicht den letzten Schritt. Der letzte Schritt ist, dass Du es wirklich umsetzen willst. Deshalb sage ich immer: Konsumieren, notieren, To-dos terminieren. Diese drei Punkte solltest Du beherzigen. Und Du musst davon ausgehen, dass Du jede Idee, die Dir gerade in den Kopf kommt, sofort wieder vergessen könntest. Deshalb: schreib sie auf! Wer schreibt, der bleibt. Egal, ob Du sie in Dein Notizbuch schreibst, in Dein Handy diktierst oder auf irgendeine Seite in einem Buch krickelst: Schreib es auf, notiere es Dir und gucke Dir Deine Notizen regelmäßig wieder an. Die Beschäftigung mit Deinen Ideen, mit Deinen Gedanken ist der erste Schritt, diese auch umzusetzen. Wie Du weiter vorgehen kannst, das beschreibe ich Dir in diesem Buch.

Ich freue mich, dass Du hier bist. Ich freue mich, dass Du dieses Buch in den Händen hältst. Ich freue mich, dass Du dieses Hörbuch nun auf Deinen Ohren hast. Dieses Buch ist eine Vorbereitung und gleichzeitig eine Analyse. Eine Entwicklung von Deinen Visionen. Es hilft Dir bei der Projektplanung.

Mein Freund, Matthias Aumann, sagt immer: "Wenn Du Dich nicht aufhältst, dann hält Dich niemand auf." Lass Dich nicht davon bremsen, was Dir irgendwer erzählt hat, wer Du bist und warum Du das nicht kannst. Du brauchst Scheuklappen. Du brauchst den Fokus. Und dann gehst Du Deinen Weg. Und dieses Buch kann Dein Wegbegleiter sein. Die Übung, das Ausführen ist wichtiger als Talent. Orientiere Dich an Menschen, die etwas gemacht haben. Geschichte wird gemacht. Und frage nicht Menschen um Rat, die selber nichts hinbekommen haben. Denn die können Dir den Weg nicht zeigen. Es ist normal, wenn Du manchmal Angst hast. Man hat immer Angst, wenn man seine Komfortzone verlässt. Aber in der Komfortzone wirst Du Dein Ziel nicht erreichen. In der Komfortzone wirst Du nicht über Dich hinauswachsen. In der Komfortzone wirst Du nicht erfolgreich. Geh raus. Stelle Dich Deiner Angst. Setze Dich auf das Pferd Deines Lebens. Nimm die Zügel in die Hand. Und dann? Galopp! Ich wünsche Dir von ganzem Herzen viel Spaß und Erfolg mit diesem Buch. Und bedenke unbedingt eines: Jeder Profi war mal ein Anfänger. Also fang an!

KAPITEL 2

Die Umsetzungstypen. Wo stehst Du und wo willst Du hin?

Wenn man sich mit dem Thema Umsetzen auseinandersetzt, wenn man selbst als Macher bezeichnet wird, wenn man darüber ein Buch schreiben will, dann beschäftigt man sich natürlich ziemlich intensiv mit diesem Thema. Und dann kam ich irgendwann an diesen Punkt, wo ich mich gefragt habe: Was sind das eigentlich für Menschen, die da oben sitzen? Gibt es eigentlich nur Macher und Nichtsmacher? Ist es so binär, so digital, 1 und 0? Oder gibt es noch irgendwas dazwischen? Und bei dieser Beschäftigung habe ich für mich insgesamt sechs Umsetzungstypen entwickelt. Und die möchte ich Dir jetzt gerne in diesem Kapitel vorstellen.

Als Erstes habe ich gewusst: Okay, es gibt oben irgendwie Macher und es gibt unten Nichtsmacher. So, und dann habe ich mir gedacht: Okay, der Nichtsmacher, der wird symbolisiert für mich als jemand, der ein Nihilist ist. Der quasi scheintot ist. Der nichts macht. Wirklich nichts. Also eine Null. Das Gegenteil von Wachstum.

Deswegen symbolisiert den Nichtsmacher der Stein. Das ist der Stein. Das kannst Du Dir so lange schon mal merken.

Und dann habe ich gedacht: “Okay, was ist mehr als nichts?” Vielleicht weißt Du es nicht, aber ich bin ja in Hamburg aufgewachsen. Und in Hamburg, da sagt man zu Leuten, die immer nur einen erzählen von ihren Visionen, von ihren Ideen, von dem, was sie könnten, bei dem, was sie würden, was sie hätten, was sie gehabt haben hätten könnten. Sie erzählen und erzählen. Und die nennt man in Hamburg “Schnacker”.

Und das ist die nächste Gruppe, die Schnacker. Und ich symbolisiere die Schnacker für mich als Hahn. Der Hahn, der stolziert herum und kräht. Kikeriki! Aber er macht sonst nichts. Deswegen finde ich, passt der Hahn gut zum Schnacker. Er gackert, aber kann keine Eier legen.

Der Nächste in der Reihe, für den wurden Notizbücher erfunden. Für den wurde PowerPoint erfunden. Er liebt Excel, Wunderlist, Trello, und, und, und. Er hat Karteikarten. Er hat Flipcharts. Er hat große Pinnwände. Er hat Mind-Maps und PowerPoints gebaut. Das ist der Planer. Der Planer liebt das Planen. Der Planer ist ein Perfektionist. Und er plant und er plant bis ins kleinste Detail. Er möchte es perfekt haben. Aber Perfektion, das gibt es nur von Gott, wenn überhaupt. Das ist das Problem des Planers. Denn er kommt nie wirklich in die Umsetzung, obwohl er sehr viel macht. Er macht sehr viel und fängt doch niemals an. Wenn ich an einen Planer denke, dann denke ich an eine Seegurke. Kennst Du Seegurken? Wenn Du im Meer mit Taucherbrille schwimmen gehst, dann

kennst Du Seegurken wahrscheinlich. Die liegen da überall rum. Sie leben, aber man hat das Gefühl, sie kommen nicht voran. Ja, und so ist das dann leider beim Planer, beim Perfektionisten. Man weiß nicht, ob er sich selbst im Weg steht oder ob er das nur als Ausrede aufgebaut hat, dass er Perfektion erreichen möchte, aber er kommt nicht voran. Unsere Seegurke.

Als Nächstes kommen wir zu einem ganz, ganz eifrigen Zeitgenossen. Der ist richtig in Action. Der denkt nicht viel nach, der geht sofort los. Und wenn einer fragt: Wollen wir dann-? Ja! Bevor die Frage zu Ende gestellt ist, hat er schon Ja gesagt, ist aufgesprungen, ist los. Ich nenne ihn gerne den Aktionisten. Aber dieser Aktionist wird symbolisiert durch den Maulwurf.

Denn leider ist der Aktionist manchmal auch blind, und dann macht er blinden Aktionismus. Aber das Tolle am Aktionisten: Der Aktionist ist auch gleich der BDTP-Typ. Der BDTP-Typ ist der Better-done-than-perfect-Typ. Denn der Aktionist, der ist in Action, der macht was. Der macht auch Fehler, aber er lernt daraus. Und er wird immer besser. Und am Anfang wird noch über ihn gelacht. Aber er hat einen extremen Vorsprung, denn Übung ist wichtiger als Talent. Und der Maulwurf ist blind, aber er kommt voran. Und er braucht dafür noch nicht mal Licht.

Und der nächste Typ, Du kannst es Dir schon denken, ist die Spinne. Die Spinne spinnt ihr Netz, ist sehr akribisch, ist immer in Action, immer sehr wachsam. Sobald etwas passiert, strömt sie aus. Zack! Zack! Zack! Zack! Alles unter Kontrolle.

Die Spinne ist der Solopreneur, der selbstständige Prototyp, der alles kann und alles macht. Die eierlegende Wollmilchsau der Umsetzung. Deswegen haben Spinnen auch acht Beine. Spinnen geben Gas und wissen, was sie tun. Einfach nur genial! Man kann auch sagen, einsam an der Spitze.

Und wenn Du Dir jetzt denkst: “Ach Dave, was sind denn das jetzt hier für Vergleiche, für Symbole?! Ist Dir nichts Besseres eingefallen? Das ist ja nicht besonders schön! Stein. Hahn. Seegurke. Maulwurf. Spinne. Willst Du mich verarschen?”

Und was steht da ganz oben? Der Macher. Was symbolisiert den Macher? Der Macher ist für mich der, der nichts mehr selber macht. Der Macher ist der Unternehmer, der am Unternehmen arbeitet und nicht im Unternehmen. Der Macher delegiert. Der Macher baut Systeme auf. Der Macher kann Prozesse entwickeln. Der Macher skaliert. Der Macher wird symbolisiert durch den Imker. Denn der Imker schafft die Rahmenbedingungen, und die Bienen arbeiten selbstständig. Deshalb können Macher auch so viele Projekte gleichzeitig fahren. Weil ein Imker, der kann mit Leichtigkeit 100 oder 150 Bienenschwärme haben, weil die Bienen selbstständig arbeiten und er nur die Umstände kontrolliert und schafft.

Nun meine Frage an Dich: Bei welchem Umsetzungstyp siehst Du Dich und zu welchem Umsetzungstyp möchtest Du gerne hin? Denn dieses Schema ist dynamisch. Das ist nicht in Deine Genetik geschrieben. Du hast die Möglichkeit, Deinen jetzigen Umsetzungstypen abzulegen und Dich weiterzuentwickeln. Und ich schreibe dieses Buch, damit Du Dich weiterentwickelst. Also bitte: Mach was draus! Und wenn Du Unternehmer sein möchtest, dann hör auf, ein Schäfer zu sein und kümmere Dich nicht um Deine Schafherde, wo Du jedes Schaf einzeln über die Weide treiben musst. Sondern lerne, zum Imker zu werden, auf das Chaos innerhalb des Bienenstocks zu vertrauen und werde ein Macher. Frei nach Dirk Kreuter: Den Imkern gehört die Welt!

KAPITEL 3

Ich sehe tote Menschen. Alles Leben wächst stetig und wirkt chaotisch.

Es gibt ein paar Spinnenarten. Wenn Du die berührst oder wenn Du auch nur das Netz berührst, dann erstarren sie. Sie erstarren, als wären sie tot. Diese Spinnen sind quasi scheintot. Dieser Reflex ist ein Schutzmechanismus, damit sie keinem Räuber zur Beute fallen. Dieses Prinzip kennen einige Tiere. Das kennen vor allem Insekten. Aber leider scheinen es auch einige Menschen zu kennen. Deshalb heißt dieses Kapitel: Ich sehe tote Menschen. Benannt nach dem Film, The Sixth Sense, mit Bruce Willis, wo ein kleiner Junge die Gabe oder den Fluch hat, tote Menschen zu sehen und mit ihnen zu sprechen. Und ich sehe da eine deutliche Verbindung. Denn der Hauptgrund für viele Menschen, nicht in Umsetzung zu kommen, nicht ihren Träumen nachzujagen, nicht ihre Visionen in die Tat umzusetzen, ist die Angst vor dem Scheitern. Und diese Angst vor dem Scheitern, die zum größten Teil unbegründet ist, versetzt sie in eine Todesstarre.

Wenn Du mein erstes Buch, "Kopf schlägt Potenzial" gelesen hast, dann weißt Du: Erfolg ist Kopfsache. Und damit fängt es hier auch an. Du hast diese Mauer um Dich herum gebaut. Und Du glaubst, Du kannst diese Mauer niemals überwinden. Du hast nicht nur Angst vor dem Scheitern, sondern Du hast Angst, eine Entscheidung zu treffen. Und wie der Titel von Dirk Kreuters Buch, "Entscheidung: Erfolg" andeutet, ist es Deine Entscheidung, die den Unterschied macht. Du musst Dich dafür entscheiden, anzufangen. Und Du darfst keine Angst haben vor schlechten Entscheidungen. Leider haben viele diese Angst. Und deshalb fangen sie erst gar nicht an. Und das ist der Teufelskreis. Aber wenn Du diesen Teufelskreis erst mal durchbrochen hast, wenn Du gestartet bist, wenn Du umsetzt und ein Projekt erfolgreich beendest, dann wächst Du. Du wächst mit Deiner Erfahrung. Und es wird Dir leichter fallen, ins Handeln zu kommen und das nächste Projekt umzusetzen und das nächste Ziel umzusetzen. Frage Dich stets: Was ist das Schlimmste, was Dir passieren kann? Was passiert im allerschlimmsten Fall? Vermutlich ist es ein kleines Opfer, verglichen mit dem, was Du durch Dein Ziel und die Erreichung Deines Ziels und die Erfüllung Deiner Vision für Dich persönlich erreichen wirst. Aber keine Angst! Es gibt sogar Möglichkeiten, wie Du diese Angst vor dem Scheitern überwinden kannst, wie Du diese Negativität überwinden kannst, damit Du die Initialzündung auslösen kannst, damit Du Dein Feuer entzünden kannst und damit Du ins Handeln kommst, damit Du anfängst. Und ich werde Dir jetzt hier ein paar beschreiben. Du musst Dir eventuell bewusst machen, dass unsere Wahrnehmung sehr viel sensibler ist für Negativität als für Positivität. Das ist evolutionär bedingt.

Stell Dir vor, Du bist ein Steinzeitmensch in einer Höhle mit Deiner kleinen Herde, mit Deiner Horde. Und einer von Deinen Freunden oder von Deinen Familienmitgliedern isst plötzlich eine giftige Beere und stirbt. Diese Information möchtest Du natürlich mit so vielen Menschen wie möglich teilen, damit kein anderer diese giftigen Beeren isst und daran stirbt. Das heißt, zum Selbstschutz haben wir das instinktiv in uns. Und deswegen werden negative Geschichten zehnmal mehr weitererzählt also positive Geschichten.

Aber wie in so viele Momenten im Leben müssen wir uns bewusst machen, dass wir diese animalische Seite, diesen Instinkt, dieses tiefsitzende Es in uns verlassen. Und das können wir mit einigen Techniken. Und wenn wir dieses Animalische überwinden, dann können wir daraus sehr viel mehr Energie schöpfen, können erfolgreicher werden und können in die Umsetzung kommen, weil wir nicht mehr so viel Angst haben. Das ist der Grund, weshalb ich ein Erfolgsjournal führe. Wenn Du mein Buch, “Kopf schlägt Potenzial”, schon gelesen hast, dann wirst Du es wissen. Noch mal in Kürze: Ein Erfolgsjournal führst Du für Dich, für Deine Gedanken, um Dich auf Positivität zu konzentrieren. Das heißt, Du schreibst jeden Tag die positivsten Erlebnisse auf. Du schreibst die Sachen auf, auf die Du stolz bist, die Dich vorangebracht haben. Und Du schreibst es nur für Dich. Und dadurch wird sich Dein Fokus verändern. Du hast diese Positivität in Deinem Leben. Das ist eine Übung, um sich auf Positivität zu fokussieren. Das sind die Etappenziele auf dem Weg zu Deinem Erfolg. Deshalb ist es unabdingbar, dass Du diese Techniken anwendest. Du solltest außerdem Deine Visionen teilen. Das heißt, sprich über Deine Visionen. Oder noch besser: visualisiere Deine Visionen. Das heißt, Du malst es Dir aus. Du suchst Dir Bilder raus. Du baust ein Vision Board auf. Die positive Ausrichtung und das Führen eines Erfolgsjournals in Verbindung mit einer Visualisierung Deiner Ziele motiviert Dich, damit Du ins Handeln kommst und dran bleibst. Für beide Techniken gibt es keine Regeln. Du bestimmst selber, was Du aufschreibst. Du bestimmst selber, wie Du es aufschreibst. Du bestimmst selber, wie Du ein Vision Board anlegst. Es muss Dir gefallen und Du musst es gerne nutzen. Du musst es aus Deinem inneren Antrieb nutzen wollen und nicht aus Zwang. Das ist die einzige Bedingung. Aber ich verspreche Dir: Wenn Du Dir Deine Ziele bewusst machst, wenn Du sie

Dir visualisierst und Dich auf Deine Erfolge und Positivität konzentrierst, dann gibt es keinen anderen Weg, als dass Du lebendig bist, stetig wächst, anfängst und es durchziehst.

Und hab keine Angst vor Unordnung. Hab keine Angst vor Chaos. Die Natur wirkt immer chaotisch. Beim Blick in einen Bienenstock hast Du das Gefühl von absolutem Chaos. Aber in Wirklichkeit ist es ein Organismus, der funktioniert. Nur von außen sieht es aus wie Chaos. Also bedenke: Du machst das für Dich und für Deine Ziele und für Dein Leben. Du machst das nicht, damit jemand von außen sagt: Oh, das sieht aber schön aus! Lasse Deinen Gedanken freien Lauf. Und was ich Dir nur empfehlen kann, ist ein Umfeld, das Deine Ideen, Deine Visionen hören möchte. Such Dir ein Umfeld und sprich über Deine Visionen. Das meine ich mit Visionen teilen. Du brauchst Leute, die mit Dir in die gleiche Richtung gehen. Die Dich nicht auslachen für Deine Visionen, sondern die sich hineinversetzen können. Denen Du Deine Visionen in den buntesten Farben erklären kannst. Ich sage immer gerne: Dann holen wir die Buntstifte raus. Ich liebe es, umzusetzen. Ich liebe es, mich in Projekte hineinzudenken. Ich liebe es, Strategien zu entwickeln. Und deshalb lebe ich Umsetzungen. Und das kannst Du auch. Ich sehe tote Menschen. Aber Du gehörst nicht dazu!

KAPITEL 4

Macher-Mindset. Wie muss ein Umsetzer denken?

Vielleicht kennst Du die Kindersendung "Bob, der Baumeister". Schon in der Titelmusik wird die Frage gestellt: Können wir das schaffen? Und die Antwort lautet: Ja, wir schaffen das! Und das verinhaltlicht schon sehr stark das Macher-Mindset. Wir schaffen das. Was heißt das für Dich konkret? Es ist egal, ob Dich ein Außenstehender oder ein Kunde fragt, ob Du etwas kannst, eine Herausforderung erledigen kannst, eine Herausforderung lösen kannst. Oder ob Du Dich selber fragst, ob Deine Idee oder Dein Ziel umsetzbar ist. Sage Dir selbst: Ja, wir schaffen das! Und dann überlege Dir, wie. Mache nicht den Fehler wie viele andere, zuerst zu überlegen, warum es nicht geht. Dieses Prinzip hat nichts damit zu tun, dass Du ein Hochstapler bist. Oder dieser Spruch: Fake it till you make it. Nein. Vielmehr ist es eine Herausforderung, ein Ansporn, ein hohes Ziel, was Dich dazu bringt, über Dich hinauszuwachsen.

Ich werde nicht müde, zu betonen, dass es bei der Zielsetzung unabdingbar ist, die Ziele so groß zu setzen, dass man sie möglichst im Leben gar nicht erreichen kann. Wenn Du den Mond treffen willst, musst Du auf die Sterne zielen. So viele andere Leute da draußen haben etwas erschaffen. Guck Dir die Biographien an. Guck Dir diese Ideen an. Guck Dir an, wie simpel sie zum Teil sind. Warum sind sie erfolgreich? Weil sie es gemacht haben. Weil sie angefangen haben. Also fang an! Du kannst es auch! Wenn die das können, kannst Du es erst recht. Wenn ich es kann, kannst Du es erst recht. Wer, wenn nicht Du? Wo, wenn nicht hier? Und wann, wenn nicht jetzt? Es ist wie beim Joggen. Du bist doch sicherlich schon mal Joggen gewesen. Ich gehe zum Beispiel dreimal in der Woche morgens um 5 Uhr laufen. Ich liebe es, morgens, bevor die Welt wach ist, draußen zu sein. Und natürlich ist es jedes Mal eine Überwindung, aufzustehen, sich anzuziehen und auf die Straße zu gehen oder in den Park oder an den Fluss oder wo auch immer Du gerne läufst. Aber sobald Du die ersten Schritte gemacht hast, bist Du top motiviert und findest das geil, dass Du es gemacht hast. Du bist motiviert nur dadurch, dass Du angefangen hast. Du bist gepusht. Du pushst Dich selbst. Und Erfolge machen selbstbewusst. Und das ist bereits ein Erfolg. Die meisten Leute sind liegengeblieben. Aber Du bist aufgestanden. Du bist unterwegs. Du rennst. In erster Linie ist es gar nicht wichtig, wie schnell Du jetzt rennst. Aber Du bist unterwegs.

Jede Reise beginnt mit dem ersten Schritt. Und so ist es mit jedem Ziel, mit jedem Projekt, mit jedem Wunsch, mit jeder Vision. Und wenn Du einmal morgens aufgestanden bist und joggen gegangen bist, dann weißt Du, dass Du es auch ein zweites Mal schaffst. Und wenn Du es eine Woche durchgezogen hast, dann weißt Du, dass Du es auch noch eine Woche schaffst. Wenn Du es einen Monat gemacht hast, kannst Du schon davon ausgehen, dass Du es durchziehst, Monat für Monat, komme, was wolle. Und wenn Dich dann jemand fragt, ob Du gerne einmal in der Woche Tennis spielen möchtest? Du kannst Dir das zu dem Zeitpunkt noch nicht vorstellen. Aber Du fängst an. Und dann hat es einen ähnlichen Effekt. Ein positiver Teufelskreis beginnt. So etabliert man neue Gewohnheiten. So bleibt man am Ball. So entzündet man das Feuer. Und so hält man das Feuer am Brennen und hütet die Flamme.

Zu Beginn des 5-Ideen-YouTube-Kanals und des Podcasts wussten wir nicht, wohin die Reise geht. Wir wussten nicht, ob wir ein Publikum finden. Und wir wussten nicht, ob es erfolgreich sein würde. Der Weg war steinig bis dahin. Und es mussten sich viele Gewohnheiten ändern oder neu etablieren. Der Kopf-schlägt-Potenzial-Podcast, der sich auf mein letztes Buch bezieht, ist in Deutschland von 0 auf die 1 in den deutschen Podcast-Charts eingestiegen und war dort eine Woche. Ich wusste nicht, ob es möglich ist, aber es war mein Ziel. Und dadurch, dass ich dieses Ziel erreicht habe und diese Erfahrung gemacht habe, bin ich jetzt selbstbewusster. Erfolge geben Selbstbewusstsein. Und wenn Du von einem Erfolg ausgehst, dann kannst Du danach zum nächsten Erfolg gehen. Dein Mindset ändert sich. Du glaubst daran, dass Du erfolgreich bist. Und dadurch bist Du wieder erfolgreich. Jeder erfolgreiche Mensch weiß, dass es auf dem Weg zum Ziel viele Schritte zu gehen gibt, viele Stufen zu erklimmen gilt. Aber jeder weiß auch, dass es möglich ist. Es gibt das Sprichwort: Erfolg wäre es, von einem Misserfolg zum nächsten zu gehen und trotzdem motiviert zu bleiben. Gary Vaynerchuk sagt: "Battle scars are beautiful." Das heißt: Narben aus dem Kampf sind schön. Vielleicht fragst Du Dich an dieser Stelle des Buches: "Wann fängt der Dave denn endlich an?" Ich sage Dir: Es ist absolut, dass Du Dich mit dem Mindset beschäftigst und dass diese Themen für Dich erst einmal klar sind. Das Mindset richtet die Bühne, auf der Du dann umsetzen kannst. Das ist wie Yin und Yang. Das gehört zusammen. Deshalb ist es ganz wichtig, dass diese ersten Kapitel Dich vorbereiten. Dass Du den Mut hast, die Stärke und den Willen, loszulegen. Denn den brauchst Du, um langfristig am Start zu sein. Den brauchst Du, um Dich konstant und langfristig mit einem Projekt zu identifizieren und Deiner Leidenschaft zu folgen. Wir wollen nicht nur einen kurzen Blitz. Wir wollen das langfristige Licht und die Wärme der Sonne, die es braucht, damit Leben entsteht. Das ist der fruchtbare Boden, in den Du Deine Saat steckst, damit Du umsetzt. Die Techniken kannst Du anwenden. Aber Du musst auch überzeugt sein, dass es funktioniert. Du musst wissen, dass es funktioniert. Du musst es wollen. Deshalb sage ich es immer wieder: Erfolg ist Kopfsache. Bist Du bereit, anzufangen? Hast Du Deine Schuhe geschnürt? Dann kannst Du jetzt anfangen zu joggen. Dieser Teil symbolisiert das Schärfen Deiner Axt. Im nächsten Teil fängst Du an und beginnst, den Baum zu fällen. Das ist das Macher-Mindset. So denken Umsetzer.

KAPITEL 5

Mein Schwung. Entzünde Dein Feuer und hüte die Flamme.

Jedes auch noch so große Projekt, jedes erfolgreiche Unternehmen startet irgendwann als kleine Idee, als kleiner Funken im Universum oder als kleine Flamme in einem großen, dunklen Raum. Aber in diesem Raum ist es windig. Deshalb musst Du diese Flamme beschützen, und zwar von Anfang an. Und vielleicht kennst Du das, wenn Du ein Lagerfeuer machst: Bei einem Lagerfeuer startest Du auch mit einer ganz kleinen Flamme. Du entzündest ein paar Funken, ein bisschen Papier, ein paar kleine Äste. Diese wiederum entzünden größere Äste. Bis dann irgendwann das ganze Feuer brennt. Dabei ist es besonders wichtig, gerade am Anfang die Flamme besonders zu behüten. Denn auch wenn der Funken sehr heiß brennt, musst Du ihn bewahren.

Man sagt, die ersten 72 Stunden sind die wichtigsten. Wenn Du mit Deiner Idee nicht innerhalb von 72 Stunden startest, dann sinkt die Wahrscheinlichkeit, dass Du das Projekt umsetzt, auf unter ein Prozent. Wenn also der erste Funken das Papier entzündet, mach Dir sofort Notizen. Diktiere es in Dein Handy. Schicke eine Sprachnachricht an Deinen Mentor, an Deinen Vertrauten, an Deine Assistenz. Es ist sehr wichtig, dass diese Idee sofort konserviert wird. Und dann leite innerhalb von 72 Stunden die Umsetzung ein. Am Ende zählt es nicht, dass Du irgendwann mal eine gute Idee hattest, aus der man hätte etwas machen können. Es zählt nur, was Du machst. Und ich sage Dir, genau so gehe ich vor. Wenn ich eine Idee habe, egal zu welcher Tages- und Nachtzeit, ich schreibe sie auf in mein Journal oder ich diktiere sie schnell in mein Handy. Manchmal schicke ich eine Sprachnachricht an meine Assistentin. Und dann versuche ich direkt, die Hebel in Gang zu setzen, um weiter an dieser Idee zu feilen. Das heißt: Wer könnte mir dabei helfen? Diese Person rufe ich an. Was könnte ich dazu konsultieren? Welches Buch oder welches Seminar? Das gucke ich mir genauer an. Oder: Wer hat vergleichbare Ideen bereits umgesetzt? Mein Fokus liegt auf diesem Thema. Wenn ich das nicht alleine recherchieren kann, dann brauche ich jemanden, der mir dabei hilft und der mich unterstützt. Oder zum Beispiel eine Mastermind, wo ich dann nachfragen kann. "Mensch, wie sieht es denn aus? Ich habe diese Idee. Habt Ihr da eine Idee, wer mir helfen könnte? Hallo, wie sieht es aus? Ich habe da diese Vision. Hat einer von Euch eine Idee, wie ich das umsetzen kann? Kann mir jemand helfen? Was haltet Ihr davon?" Such Dir einen Sparringspartner. Reibe Dich und Deine Idee, Deine Vision an diesem Sparringspartner.

Ich spreche auch gerne von einer Projektionsfläche. Eine Projektionsfläche, auf die Du Deine Idee projizieren kannst. Bei mir ist das definitiv meine Freundin. Ich habe in meinem Umfeld glücklicherweise mehrere solcher Projektionsflächen, die mir ein gutes Feedback geben. Die das Thema gut reflektieren und mir weiterhelfen. Die mich nicht bremsen wollen, sondern die meine Vision unterstützen und mehr darüber erfahren wollen. Meiner Meinung nach muss man den Schwung nutzen, den eine neue Idee mit sich bringt, wie einen frischen Wind. Nutze ihn als Auftrieb, um loszulegen. Und wie Du weißt: Wenn Du erst mal stehst, anfängst zu laufen, dann ist der Rest gar nicht mehr so schwierig. Und ob es jetzt 72 Stunden sind oder nicht, spielt keine Rolle. Aber jeder kennt das: Wenn man nicht loslegt, dann versandet das Getriebe der Idee. Und dann wird es nichts.

Ein Prinzip, was ich oft nenne in meinen Videos und in meinem Podcast, ist der Spruch: Think absurd! Als ich das Buch “Glückskinder” von Hermann Scherer las, da bestätigte er mich in meinem Denken. Denn er sagt: Glückskinder sind mehr oder weniger Besessene, Aufsässige, Freaks. Kein Wunder, dass sie vor ihrem Durchbruch oft Außenseiter sind. Sie kennen kein Benimm, kein Pardon und keine Verwandten. Sie platzen überall rein, sie fassen alles an, sie stellen alles auf den Kopf. Sie sind verrückt, so verrückt, dass sie sogar glauben, die Welt ändern zu können. Genau deshalb gelingt es ihnen. Deshalb ist es so wichtig, dass Du die anderen Kapitel vorher gelesen hast, bevor Du zu diesem Punkt kommst. Du musst anarchisch genug denken, um Deine Flamme nicht im Anfang gleich zu ersticken.

Und danach startet die zweite Phase: Du musst das Feuer am Brennen behalten. Ich schaffe das über große Ziele. Ich setze mir extrem große Ziele, die ich möglichst nicht erreiche. Das ist nicht einfach nur so daher gesagt. Ich meine das ernst. Die Ziele müssen größer sein als das Leben. Bigger than Life. “Denn wenn Du am Ende bist, bist Du nicht am Ziel, sondern tot”, singt der

Rapper Samy Deluxe in dem Lied, Lots of Signs, aus dem Jahre 2000. Das heißt, noch mal von vorne: Ich nutze den Schwung, ich setze mir große Ziele und definiere Meilensteine auf diesem Weg. Diese Meilensteine sind Zwischenziele. Diese Zwischenziele musst Du auch gebührend feiern. Das ist absolut wichtig. Das große Ziel in weiter Ferne bringt Dich dazu, aus Deiner Komfortzone auszusteigen und mehr zu tun, also Du bisher getan hast.

Wenn Du nicht normal sein willst, dann musst Du Dinge tun, die nicht normal sind. Du musst mehr tun. Du musst anders denken. Du musst absurd denken. Ich komme gleich noch in einem anderen Kapitel dazu, wie ich das strategisch aufarbeite. Trotz des großen Ziels, der großen Vision und der Meilensteine gehe ich Schritt für Schritt vor und verfalle nicht in den blinden Aktionismus. Das kann nämlich auch schnell zur Überforderung führen, was wiederum die Flamme erlischt. Deshalb sind die nächsten Kapitel unglaublich wichtig. Fokus, System und das Umfeld. Das sind die drei Säulen, auf die Du die Umsetzung aufbauen solltest. Wenn Du Deine aufflammende Leidenschaft nutzt, dann hast Du schon 80 Prozent der Bevölkerung etwas voraus und die Konkurrenz ist sehr, sehr dünn. Mit der Umsetzung ab dem ersten Impuls zu starten ist für mich eine instinktive Entscheidung aus dem Bauch heraus. Das ist Intuition, die Du nutzen solltest. Stift und Papier ist Dein größter Freund. Gehe niemals irgendwo hin ohne Stift und Papier. Oder wenigstens nicht ohne Dein Handy und nicht ohne Diktierfunktion. Ich sage Dir: Du musst bereit sein, innerhalb von einer Minute eine Idee zu notieren, selbst wenn Du unter der Dusche stehst. Ich stehe manchmal nachts auf, lasse die Augen geschlossen, gehe in einen anderen Raum und diktiere eine Idee in mein Handy, um sie nicht zu vergessen. Es kommt Dir vielleicht absurd vor, aber glaube mir: Das ist der Weg, den Du gehen musst, damit Du gute Ideen konservieren kannst und damit Du einen entscheidenden Vorsprung hast. Nutze den Schwung innerhalb von 72 Stunden. Entzünde Dein Feuer und lasse es nicht mehr ausgehen. Fang an!

KAPITEL 6

Ich trage Scheuklappen. Was willst Du erreichen? 110 Prozent Fokus.

Den Anstoß zu diesem Buch gab im Endeffekt ein Teilnehmer meiner Mastermind, und zwar der Sascha Maynert, der auch das Vorwort zu diesem Buch geschrieben hat. Sascha sagte zu mir: Du bist Dave, the Maker. Ich musste schmunzeln, als er das gesagt hat und fühlte mich sehr geehrt. Und ja, es stimmt: Ich bin ein Macher. Dieses zweite Buch, was ich in diesem Jahr schreibe, außerdem noch etwa 25 5-Ideen-Folgen, 50 Podcast-Folgen, 60 Beiträge für den 5-Ideen-Club. Außerdem noch unzählige Vorträge, Coachings, ein Nummer-eins-Podcast, unternehmerische Beteiligungen und Immobilienprojekte und noch vieles mehr. Das sind alles Sachen, die ich umsetze. Also ich glaube, ich kann mit ruhigem Gewissen behaupten: Ich bin ein Macher. Ja, das stimmt. Aber hier soll es um Fokus gehen. Denn ich schaffe das nur durch Fokus. Und diese Zeit muss man sich nehmen.

Wir haben alle die gleiche Zeit. Entscheidend ist, was wir daraus machen. Und in diesem Buch geht es ja darum, etwas daraus zu machen. Also nicht nur die Ideen, nicht nur das Wissen nutzen, sondern auch die Zeit. Ich handhabe es so: Konzentration durch Isolation. Mindestens an einem Tag in der Woche, bei mir ist das der Donnerstag, bin ich sehr fokussiert. Und wenn ich sehr fokussiert sage, dann meine ich 110 Prozent Fokus. Das ist nicht nur einfach so dahingesagt. In dieser Zeit bin ich total konzentriert auf ein Projekt und nicht auf andere Projekte, sondern nur auf ein Projekt. Ich trinke ein wenig Wasser, ich trinke ein wenig Kaffee, nachmittags Tee. Aber sonst nichts. Telefone sind aus. Handys sind aus. Social Media ist aus. Der Tag ist im Terminkalender komplett geblockt. In ganz wichtigen Phasen eines Projektes, wie zum Beispiel dem Schreiben eines Buches, habe ich mehrere solcher

Fokustage in der Woche. Aber in der Regel nur der Donnerstag. Und an einem solchen Donnerstag esse ich wenig. Ich koche nicht. Ich bestelle mir vielleicht noch etwas. Ich möchte nicht raus aus dem Fokus. Ich möchte nicht raus aus der Konzentration. Es gibt so einen Spruch, den ich dann immer ganz gerne sage und den ich mir am liebsten aufs T-Shirt drucken möchte: “Die Besten der Besten vergessen zu essen.” Und so ist es. Und nur deswegen habe ich alle diese Projekte durchgezogen. Deshalb habe ich sie umgesetzt. Weil ich die Zeit dafür nutze, und zwar mit vollem Bewusstsein. Wenn Du einen solchen Tag noch nie eingerichtet hast, dann hört es sich vielleicht für Dich absurd an. Und Du denkst, Du könntest eine solche Gewohnheit niemals in Deinem Leben unterbringen. Das würde nicht in Deinen Terminkalender passen. Du hast so schon zu wenig Zeit. Ich rate Dir: Probiere es aus! Teste es. Teste es vier Wochen lang oder sechs Wochen lang. Und Du wirst sehen, Du bist an diesem Fokus-Tag so effektiv wie andere in einer Woche.

Du kannst Dir selber einteilen, was Du an dem Fokus-Tag tust. Arbeitest Du ein Buch durch? Schreibst Du ein Buch? Nimmst Du ein Hörbuch auf? Überlegst Du Dir ein Skript, eine Idee? Die Realisierung für ein Projekt oder längerfristige Strategie. Je nachdem, was Du machst. Nimm Dir ein Projekt raus und arbeite konzentriert daran. Das ist so entscheidend für den Erfolg. In meiner restlichen Woche habe ich viele verschiedene Themenblöcke. Ich habe viele verschiedene Telefonate, Projektarbeiten, Kundengespräche, Reisezeiten. Teilweise kann ich mich dort auch in Projekte tiefer reindenken. Aber es dauert immer eine gewisse Zeit, bis man wirklich im Flow ist.

Und an meinem Scheuklappen-Fokus-Tag komme ich morgens in den Flow, und das fließt bis abends. Und dann brauche ich wieder eine Zeit, um sozusagen in die Realität zurückzufinden.

Aber das ist geil! Das macht richtig Bock. Und Du siehst, dass Du was geschafft hast. Du weißt, dass Du an Deinen Zielen gearbeitet hast an diesem Tag, mit diesem Fokus. Und wenn irgendjemand nachfragt, wenn irgendjemand etwas wissen will, entgegne ihm nichts oder sage: Ich bin im Fokus. Wenn sich später jemand aufregt, du warst nicht erreichbar, wieso antwortest Du mir so spät, dann sag einfach: Ich war im Fokus. Die Person wird es verstehen. Wenn nicht, dann solltest Du diese Person mit Vorsicht betrachten.

Nimm dieses Kapitel als Ansporn. Frage Dich selbst: Was willst Du erreichen? Und bist Du bereit, für dieses Ziel 110 Prozent Fokus zu geben? Wenn Du Deinen Schwung nutzt innerhalb der ersten 72 Stunden, wie in Kapitel 5 erwähnt, dann nutze diese Zeit und plane direkt Deinen Fokus-Tag oder Dein Fokus-Wochenende.

Bei einigen Ideen ist es natürlich auch erforderlich, dass Du ein Team zusammenholst und Ihr einen gemeinsamen Fokus-Tag macht. Aber wirklich nur mit den wichtigsten Köpfen, die in Deinem System eine Rolle spielen. Wie man das aufbaut, delegiert und wie letztendlich der Zeitplan aussieht für die effektive Arbeit mit einem guten Team, erfährst Du in den nächsten Kapiteln. Wenn Du konzentriert bist, hast Du wiederum den meisten Menschen in diesem Land oder sogar auf dieser Welt einiges voraus. Ich freue mich, wenn Du diesen Vorsprung auch nutzt.

KAPITEL 7

Gib mir System!
Aufbauen, Testen, Skalieren.

Ehrlicherweise ist es immer sehr schnell gesagt: Bau Dir ein System auf. Denke in Prozessen. Und deswegen rauscht diese wichtige Information an einigen Hörern leider einfach vorbei. Aber was steckt dahinter? Du musst den Grund verstehen für Systeme. Warum Systeme gut sind. Und warum Systeme sich für Dich lohnen werden, damit Du zum Imker werden kannst. Ich gehe davon aus, dass generell keine Technik, kein Werkzeug etwas bringt, wenn man nicht versteht, warum man es einsetzen soll. Und man benutzt ein Werkzeug ja nicht nur des Werkzeuges wegen, sondern aus einem bestimmten Grund. Und genauso ist es auch beim System. Denn das System ist Dein Freund. Scheue nicht davor, ein System aufzubauen, weil es Dir zu viel Arbeit ist. Ich habe auch einige Zeit gebraucht, bis ich wirklich eigene Systeme aufgebaut habe, die eigenständig funktionieren. Ich kann Dir sagen: Ich bin als Aktionist gestartet. Ich war vielleicht auch blind vor Aktionismus. Aber ich wollte etwas tun. Ich war umtriebig. Aber ich wollte alles selber tun. Vielleicht erinnerst Du Dich an das eine Kapitel in meinem letzten Buch, "Kopf schlägt Potenzial", in dem ich sage: Ich bin ein Kontrollfreak. Und vielleicht bist Du auch ein Kontrollfreak. Und jeder Kontrollfreak kennt das: Jedem Solopreneur, jeder Spinne fällt es schwer, die Prozesse loszulassen, aus der Hand zu geben. Aber genau das musst Du tun, wenn Du ein System errichtest.

Wenn Du das erste Mal so vorgehst, etwas aufzubauen, dann kannst Du es so halten, dass Du Dich erst einmal einbringst, damit Du jeden Teil des Prozesses verstehst. Das hilft, damit Du Dich soweit auskennst, dass Du die Arbeit von anderen kontrollieren kannst, die dann diesen Prozess für Dich übernehmen oder Teile dieses davon. So kannst Du dann bewerten, ob vernünftig gearbeitet wird. So kannst Du die Arbeit gut einschätzen, den Umfang überschauen, die Kosten einschätzen und auch den Zeitplan überblicken. Von daher ist es sinnvoll, dass Du Dich selber in den Prozess hineindenkst, hineinsiehst, hineinarbeitest. Ja. Aber bitte mit der Zielführung, dass Du diesen Prozess wiederum verlässt und ihn dann für sich arbeiten lässt. Als Student habe ich mal einige Monate in einer Eisfabrik gejobbt, und zwar immer nur in der Nachtschicht. Und da habe ich sehr viel über Prozesse gelernt. Du musst Dir vorstellen, da ist eine riesengroße Maschine. Und an einer Maschine arbeiten zum Beispiel zehn Personen. Und jede Person macht etwas Unterschiedliches. Und jede noch so kleine Aufgabe erfüllt am Ende den Prozess. Eine Person holt nur Kartons, also Rohkartons, und packt sie auf einen Stapel. Diese werden dann von der Maschine zu fertigen Kartons gefaltet. An einer anderen Stelle ist eine Person, die immer Schokoladenstreusel nachfüllt oder Nüsse oder Ähnliches. An einer weiteren Station ist eine Person, die dann zum Beispiel drei Eis in einen Karton packt. Und diese Aufgaben wechseln alle 30 Minuten. Und so werden über Nacht ein paar tausend Eis fertiggestellt und eingepackt. So ähnlich muss auch Dein Prozess aufgebaut sein. Das heißt, am Ende steht Dein persönliches Eis, das, was rauskommen soll. Und Du hast diese einzelnen Schritte, die Du aufteilst und delegierst an verschiedene Personen. Denn Du wirst einsehen, dass Du irgendwann nicht mehr alles alleine machen kannst. Würdest Du alles alleine machen, wärst Du extrem langsam und das Eis wäre entsprechend teuer. Das bedeutet für Dich: Du musst einzelne Handlungsschritte definieren, die Du dann an Personen abgeben kannst. Und am besten definierst Du die Arbeitsanweisungen so, dass verschiedene Menschen diese verstehen könnten und ausführen könnten.

Ich habe zum Beispiel Video-Tutorials für Mitarbeiter, um einzelne Arbeitsprozesse systematisch jemandem beizubringen. Das ist extrem erfolgreich. Quasi eine interne E-Learning-Plattform könnte man sagen. Beim Delegieren geht es sehr viel um Vertrauen. Du legst die Verantwortung in dem Fall in die Hände dieser Person. Letztendlich bist Du immer noch verantwortlich. Deshalb musst Du dieser Person vertrauen und die Möglichkeiten bieten, dass sie das mit der bestmöglichen Qualität umsetzen kann. Bevor Deine Eismaschine richtig auf Hochtouren fahren kann. Solltest Du erst einmal alles genau einstellen, jeden Arbeitsablauf jedem Beteiligten genau erklären und langsam durchspielen. Zum Beispiel machst Du einen Probedurchgang, wo jeder einmal jeden Handschlag machen musst. Du schaust, wie das Ergebnis ist. Empfindest Du dieses Ergebnis als gut oder sehr gut, dann kannst Du die Geschwindigkeit erhöhen. Wenn das nicht der Fall ist, solltest Du optimieren. Du schaust: Okay, muss ich vielleicht Personal austauschen? Wo hakt es? Wo gibt es Längen? Das heißt: Wo wird hier Zeit verschwendet? Oder wo sind irgendwo noch Hindernisse? Und sobald das erste perfekte Eis aus der Maschine kommt, mit Streusel obendrauf, eingepackt im richtigen Karton, kannst Du das System skalieren. Das heißt, Du erhöhst die Geschwindigkeit, Du erhöhst den Output, Du erhöhst auch den Input.

Aber ich bringe Dir jetzt noch ein Beispiel aus einer ganz anderen Welt. Und zwar erkläre ich Dir, wie wir vorgehen, wenn wir neue YouTube-Formate kreieren. Als Erstes überlegen wir uns, über welche Inhalte wir diese Zielgruppe erreichen können. Und das schreiben wir ziemlich genau auf. Wir überlegen uns, welche Themen könnten die Menschen interessieren, und schreiben dann mindestens 20 Themen auf. Wir schreiben 20 Themen auf, und diese arbeiten wir dann aus. Bei der Ausarbeitung entsteht der Inhalt. Und wir merken auch gleich, welche Themen dann doch nicht so gut passen. Wir haben also schon einige Inhalte vorbereitet. Mit diesen Inhalten gehen wir dann in die Formatplanung im Detail. Das heißt: Wer spielt was? Welche Aufgabe muss der Film erfüllen? Wie können wir an diese Zielgruppe herantreten? Sobald wir das wissen, drehen wir einen Piloten. Und wenn man eine Pilotfolge dreht, das ist wie das allererste Eis, was in Produktion geht. Man stellt sehr viel ein an der Maschine. Das erste Eis ist sehr, sehr teuer, weil es aufwendig zu produzieren ist. Weil man das Eis quasi neu erfinden muss. Wie muss das aussehen, das YouTube-Format in dem Fall? Wo sitzen die Protagonisten? Wie viele Kameras brauchen wir? Brauchen wir Musik? Wie sollen die Grafiken aussehen? Und, und, und. Das heißt, Du kommst in sehr viele verschiedene Details hinein. Und mit jedem Detail stellt sich die Frage, da muss man sich entscheiden: Wie geht man voran? Oder man arbeitet mit zwei Varianten, sozusagen A, B, Test. Und wenn man dann an einem Tag ein solches Pilotprojekt fertiggestellt hat mit sehr viel Aufwand, dann weiß man, wie es funktioniert. Man hat eine Diskussionsgrundlage, mit der man dann intern oder auch mit dem Kunden das Format genauer abstimmen kann, auch das Wording, ähnliche Punkte. Und wenn man sich darauf geeinigt hat und weiß, welche einzelnen Schritte dieser Prozess beinhaltet, dann verteilt man die Aufgaben, delegiert, findet einen Termin und skaliert. Dann dreht man nicht nur einen Piloten an einem Tag, sondern direkt acht oder zehn Folgen. Genauso kannst Du dieses Beispiel auf viele weitere Prozesse projizieren. Und wenn Du die analoge Welt verlässt und in die digitale Welt gehst, besteht die Möglichkeit, dass Du nahezu unlimitiert skalieren kannst, weil Du keine physikalischen Grenzen mehr hast wie zum Beispiel Maschinenauslastung oder Personal oder Raum. Einen digitalen Prozess, ein digitales Produkt kannst Du theoretisch beliebig oft reproduzieren.

Für mich besteht jeder Umsetzungsprozess aus verschiedenen Phasen: Die erste Phase ist die Ideensammlung beziehungsweise das Brainstorming. Ich brainstorme zusammen mit meinem Team, mit allen Beteiligten, so viele Informationen wie möglich zusammen. Ich recherchiere Keywords, Inhalte, Ideen. Schaue auf Trends, schaue auf Verhalten. Ich sammele Input. Die zweite Phase ist die Planungsphase. In dieser Phase überlegen wir, wie der Prozess theoretisch ablaufen könnte. Wie viele Menschen sind daran beteiligt? Wie viel Zeit wird das kosten? Wo kann man das machen? Wie werden wir das anstellen? Die Planungsphase wird natürlich dadurch erleichtert, wenn man schon Erfahrung in dem entsprechenden Bereich hat. Wenn man da noch keine Erfahrung hat, sollte man sich am besten Experten mit ins Boot holen, damit man mehr Tempo auf die Straße bringt. Sobald möglich, rate ich dazu, zu testen. Testen, Prototyp bauen, ausprobieren, Kinderkrankheiten beseitigen. Man wird merken: Egal, wie viel man in der Theorie durchdacht hat, man hat immer etwas vergessen. Und irgendetwas läuft immer anders als geplant. Deshalb ist die Testphase so extrem wichtig. Egal, wer die Planung übernimmt, egal, wie viele Menschen beteiligt sind, es wird immer Fehler geben.

Menschen machen Fehler, das ist ganz normal. Und einige Dinge kann man einfach nicht bedenken, je komplexer das Thema wird. In der Testphase sollte man testen, testen, testen. Und auch wenn das einige Zeit kostet oder Geld kostet, sollte man diese Phase definitiv ernst nehmen.

Und nach dem Test gehen wir in die Routine. Wir gehen in die Routine-Phase und werden diesen Prozess so oft durchspielen, bis er uns routiniert vorkommt, uns einfach von der Hand gleitet, fast von alleine funktioniert. Und das Tolle an Routinen ist, egal, ob privat oder im Beruf: Sobald Du sie etabliert hast, saugen sie Dir weniger Energie. Du musst Dich nicht mehr so sehr darauf konzentrieren. Genauso ist es mit dem Delegieren. Dadurch, dass Du nicht an jeder Position selbst stehen musst, raubt es Dir weniger Energie, weil Du hast Deine Positionen besetzt. Dein Team kümmert sich darum. Jetzt kannst Du anfangen, am Unternehmen zu arbeiten und nicht mehr im Unternehmen.

Und die letzte Phase ist schlussendlich Skalieren. Dreh auf und schau, wie Du das System skalieren kannst. Mehr Traffic. Mehr Ressourcen. Schnellere Maschinen. Mehr Personal an der einen Stelle, mehr Personal an der anderen Stelle. Variiere die Rohstoffe. Ich verspreche Dir: Du wirst es lieben! Für mich ist das jedes Mal wie ein Videospiel. Ein Videospiel, mit dem Du beginnst, um es durchzuspielen. Darum geht es. Und wenn Du an diesen Punkt gelangt bist, an den Punkt der Skalierung, dann lass das System laufen. Schau ab und zu wieder nach. Atme einmal durch. Und dann konzentriere Dich auf das nächste Projekt und fang an! Wenn Du die Geheimnisse eines solchen Prozesses erst einmal für Dich erkannt hast und durchgespielt hast, ich kann es mir nicht anders vorstellen, als dass Du süchtig danach wirst. Du wirst süchtig, ein Macher zu sein. Du wirst süchtig, ein Imker zu sein. Es ist so geil! Und das ist mein Antrieb. Das ist meine Mission. Ich liebe den Organismus und nicht die Organisation.

KAPITEL 8

Mein Team läuft mit mir. Wohin läufst Du und wohin Dein Umfeld?

Wie Du im Verlauf dieses Buches gemerkt hast, ist ein extrem wichtiger Bestandteil in Deinem System, um etwas umzusetzen, das Team, mit dem Du zusammenarbeitest. Wer ist um Dich herum? Wer hilft Dir? Und wer ist in Deinem Umfeld? Denn die beste Idee und die beste Motivation nützt leider nichts, wenn Du kein gutes Team hast, mit dem Du diese umsetzen kannst. Ich für mich, ich brauche in meinem Team Gleichgesinnte. Gleichgesinnte, das bedeutet, Menschen mit der gleichen Gesinnung. Ich verstehe darunter Menschen, die mit mir in die gleiche Richtung gehen. Diese Menschen müssen nicht so sein wie ich. Sie können grundverschieden sein. Sie können unterschiedlich alt sein. Sie können auch aus unterschiedlichen Branchen kommen. Sie können unterschiedliche Menschentypen sein. Doch was ich meine ist ein Mindset, mit dem ich in die gleiche Richtung gehen kann. Wo man sich gegenseitig pusht. Wo man für ein Projekt, für eine Leidenschaft, für eine Zielsetzung gemeinsam brennen kann.

Ich suche brennende Menschen und ich suche Brandstifter, die andere Menschen zum Brennen bringen. Ich hoffe, Du verstehst dieses Bild. Und wenn ich von Team spreche, dann spreche ich natürlich in erster Linie von meinen Mitarbeitern. Von den direkten Mitarbeitern und den mitarbeitenden Freelancern, von denen ich auch einen sehr großen Stab habe, zum Teil schon über zehn Jahre zusammenarbeite. Nach dem Motto: Never change a running system. Menschen, die gut arbeiten, denen ich vertraue und die brennen für Projekte und Leidenschaft, sind unbezahlbar. Und das ist das, was ich liebe. Das sind Menschen, mit denen ich mich gerne umgebe. Ich denke, solche Menschen kann man anziehen, wenn man zeigt, dass man selbst mit Leidenschaft dabei ist. Wenn man selbst eine Mission hat, für die man eintritt. Dann hat jeder Lust, Teil des Teams zu sein und Teil des Projektes zu sein. Und wenn ich dann so um die Ecke komme mit einer neuer Idee, mit einer neuen Vision, und ich möchte gerne mein Team mitreißen, ich möchte Gleichgesinnte finden, ich möchte Mitstreiter finden und möchte das Feuer entfachen, dann muss ich mich auch extrem gut vorbereiten, um diese Mission auch rüberzubringen. Ich gebe also schon 110 Prozent in dem Prozess, wenn ich meinem Team diese Idee vorstelle.

Letztendlich musst Du ein Bild von der Zukunft entwickeln, um Deine Gedanken rüber zu beamen. Das wäre eine geile Funktion, wenn wir das einfach so USB-Stick mäßig oder über WLAN einfach von einem Kopf in den anderen transferieren könnten. Wenn wir einfach unsere Vision, unsere Träume rüberbeamen könnten. Das wünsche ich mir schon mein ganzes Leben. Aber leider geht das nicht. Und deshalb musst Du Dir was anderes ausdenken. Deshalb musst Du es mit Buntstiften auf Papier malen oder auf ein Flipchart. Oder Du machst ein großes Plakat. Bereite Dich vernünftig vor.

Ich habe die Erfahrung gemacht: Je besser man an dieser Stelle sich Mühe gibt und wirklich mit 110 Prozent rangeht, um das jemandem nahezubringen, was man da eigentlich für eine Fantasterei im Kopf hat, desto eher findest Du Menschen, die brennen oder löst Brände aus. Und das ist das Geile. Da komme ich gleich noch mal zu. Die Mission, der Purpose, der Grund, der Sinn, das Warum, wie auch immer Du es nennen möchtest, an etwas zu partizipieren, das ist mehr wert als Geld. Geld allein holt Dir keine Leute ran, die für das Projekt brennen. Es sind die Soft Skills. Es ist das Drumherum. Und es ist letztendlich die Mission, die Du verkörpern musst. Ich habe um mich herum ein Team mit Menschen, wo ich weiß, dass diese Menschen ihre Arbeit lieben. Und aus dieser Liebe resultiert in erster Linie top Qualität, top Prozesse, lösungsorientiertes Denken, proaktive Leistung. Und das ist genial. Dadurch entsteht eine Eigendynamik. Und diese Eigendynamik, das ist das Allerbeste, was überhaupt entstehen kann. Wenn der ganze Organismus mitdenkt. Wenn das Team keinen Unterschied mehr macht zwischen Privat- und Berufsleben. Wenn man nicht genau auf die Uhr schaut, wann man kommt und wann man geht. Ich rede nicht von Ausbeuterei. Ich rede von Leidenschaft, die ansteckend ist.

Bei uns ist es so, dass wir so einen Bock haben, die Sachen umzusetzen und geil abzuliefern. Weil es Spaß macht, teilzuhaben. Weil es Spaß macht, All-in zu gehen, 110 Prozent zu geben. Weil wir uns freuen über die Ergebnisse und über die Reaktionen. Weil wir große Visionen und große Ziele haben und auf dem Weg sind, diese zu erreichen. Weil wir Menschen glücklich machen. Und weil wir die Welt ein Stück besser machen können. Und das kann man nicht alleine. Egal, wie gut man sich vorbereitet, egal, wie viel Wissen man aneignet: Man kann es nicht alleine schaffen. Also, liebe Spinnen: Sucht Euch ein Team. Okay, vielleicht denkst Du Dir: "Ja, Dave, ist ja klar. Du hast ein tolles Team. Aber wie kann ich ein Team aufbauen? Wie finde ich ein gutes Team? Wie finde ich das richtige Umfeld?" Ja, das ist eine gute Frage. Schön, dass Du sie stellst.

Ein gutes Team findet man natürlich nicht an jeder Straßenecke. Was ein gutes Team ausmacht und was auch ein besonderes Umfeld ausmacht, das ist das Mindset. Mein Freund, Matthias Aumann, der Gründer der Aumann Grün AG, ein sehr erfolgreicher Unternehmer, sagt immer: "90 Prozent sind Recruiting, also Mitarbeiterauswahl, und 10 Prozent sind Mitarbeiterführung." Und genauso ist es. Es ist wichtiger, welche Einstellung die Person hat, welches Mindset, wie die Person drauf ist, als alle anderen Voraussetzungen. Ich muss leider warnen, denn jede Kette ist nur so stark, wie das schwächste Glied. Deshalb muss man bei der Mitarbeiterauswahl extrem ehrlich zu sich selbst sein. Da ich das jetzt schon einige Jahre so mache, habe ich mittlerweile eine gewisse Intuition für Teammitglieder, mit denen ich zusammen in die gleiche Richtung gehen kann, zusammen nach vorne gehen kann. Um zu testen, ob eine Person in Frage kommt, ob sie in Deinem Team funktioniert, dafür würde ich Dir raten, dass Du schaust, ob diese Person bereit ist, ein Opfer zu bringen, um mit dabei zu sein. Reicht die Leidenschaft, brennt diese Person, um in Deinem Team mitzuspielen, damit die Voraussetzungen stimmen? Hol Dir kein schwaches Glied in Deine Kette. Ansonsten reißt es das ganze System kaputt.

Das Team und das Umfeld sind extrem entscheidend. Und wenn Du heute noch kein Umfeld um Dich herum hast, was Dich pusht, dann such Dir unbedingt Leute. Geh in Facebook-Gruppen, zum Beispiel in die 5-Ideen-Community oder in die Kopf-schlägt-Potenzial-Community. Versuche, Gleichgesinnte zu finden, mit denen Dich auszutauschen. Besuche Stammtische, Kongresse, Seminare und suche aktiv nach Gleichgesinnten. Suche aktiv nach Menschen, die Dich pushen.

Gönne Dir auch mal ein VIP-Ticket. Du wirst merken, dass Du Dich auf einmal mit ganz anderen Menschen unterhältst, auf einem ganz anderen Niveau, als wenn Du nur ein Standardticket hast. Denn da sind Menschen, die sind bereit, die Extrameile zu gehen. Die packen ein bisschen mehr auf den Tisch. Die sind top motiviert und die wollen was reißen. Probiere es einfach mal aus. Es ist wirklich so. Und wenn Du in der VIP-Lounge bist, dann musst Du das auch nutzen. Sprich die Leute an. Verteile Deine Visitenkarten. Oder suche Dir eine Mastermind so wie meine, wo Du konzentriert und geführt mit sehr coolen Menschen gemeinsam wächst. Und wie so eine Mastermind genau aussieht, was darin passiert, wie das abläuft und was ich bisher erlebt habe, das erfährst Du später in Kapitel 12. Und auch wenn Du heute noch kein gutes Team hast und Dein Umfeld noch schwächelt: Irgendwann muss jeder einmal anfangen. Also warum nicht jetzt?

KAPITEL 9

Mein Vorsprung. Der entscheidende Wettbewerbsvorteil, den jeder für sich umsetzen könnte.

Am Anfang des Buches habe ich es bereits beschrieben: Der größte Anteil, um wirklich in die Umsetzung zu kommen, ist der Kopf. Die Einstellung, die Psychologie oder das Mindset. Deshalb handeln die ersten Kapitel auch nur vom Mindset. Genauso wie beim Erfolg ist es auch bei der Umsetzung. Denn Umsetzung beginnt im Kopf. Die meisten suchen nach Techniken. Aber die beste Technik nützt nichts, wenn Du es nicht wirklich willst. Mit einem echten Warum dahinter, mit einem starken Warum, mit einer Mission. Damit fängt alles an. Aber in diesem Kapitel möchte ich Dir dennoch ein paar Techniken an die Hand geben, und zwar die, weshalb ich einen Vorsprung habe. Und diese Techniken wende ich auch an für alle Projekte, an denen ich beteiligt bin. Zum Beispiel für meine Mastermind-Teilnehmer, wo ich mich tief hineindenke und tief mitarbeite auch in deren Welt und sehr viel Einfluss nehme. Ich liebe es, mich in andere Projekte hineinzudenken und mitzubauen.

Ein erster entscheidender Vorsprung entsteht dadurch, dass ich seit ungefähr zwei oder drei Jahren den September für mich entdeckt habe. Den September nutze ich als den Monat, um die Vorsätze für das nächste Jahr vorzubereiten. So könnte man es sagen. Und dabei geht es wirklich bei mir nicht nur um die klassischen Vorsätze, die sich jeder am 31.12. einmal noch mal auf die Fahne schreibt. Weniger essen, mehr Sport und nicht mehr rauchen. Sondern ich spreche von meiner Vision für das nächste Jahr. Also ich fange im September an, meine Vision für das nächste Jahr vorzubereiten, aufzubauen und so weiter. Deshalb, wenn Du einer der Ersten bist, der dieses Buch liest, dann wirst Du es im Oktober lesen, denn ich habe es im September fertiggestellt. Ich denke, energetisch ist der September der Monat des Aufbruchs, des Neuanfangs. Das neue Schuljahr beginnt im September. Das neue Studienjahr beginnt im September. Viele Ausbildungsplätze beginnen im September. Ich glaube, dass diese Jahreszeit dafür gemacht wurde, aufzubrechen nach der langen Sommerpause, wo man eher durch die Hitze ruhig wird, pausiert, vielleicht sogar lethargisch wird oder sich inspirieren lässt, aber nicht massive Action machen kann, weil man Urlaub macht, weil man Pause macht und weil es warm ist. Und im September kann man dann diese gewonnenen Energien nutzen und in die richtige Richtung lenken. So mache ich das.

Und der Oktober, der ist für mich die Oktober-Revolution. Das heißt, ich breche im Oktober die alten Muster auf und fange mit neuen Mustern an. So kann man das im Großen und Ganzen beschreiben. Und genau das ist es, wie ich es sehe. Und das bringt einen entscheidenden Vorteil. Wenn Du vergleichst: Wenn Du erst im Januar anfängst, so wie es ja viele tun, die denken, der Januar wäre ein guter Startmonat für das neue Jahr, also auch für die Vorsätze ins neue Jahr, für ihre Gewohnheiten ins neue Jahr; wenn Du mich fragst: Ich denke, das ist Bullshit! Denn der Januar ist einer der beschissensten Monate. Es ist kalt. Es ist regnerisch. Es ist grau. Du hast kein Geld, weil Du zu Weihnachten alles ausgegeben hast für Geschenke. Du hattest in der Weihnachtszeit die absolute Lethargie. Du hast Dich auch nach Wärme gesehnt. Du gehst kaum raus. Du bist im Dunkeln. Du isst sehr viel. Du trinkst sehr viel. Du gehst auf Weihnachtsmärkte. Der Monat ist wirklich Völlerei, könnte man sagen. Also so kenne ich den Dezember. Und der Januar, da kommt man nicht so einfach in

Schwung. Das ist kein Monat, wo man aus dem Stehgreif was Neues einfach so anfangen kann. Das kann ich mir nicht vorstellen. Bei mir ist es definitiv nicht so. Aber ich kann im Januar mit neuen Sachen am Start sein, wenn ich sie schon vorbereitet habe im September, im Oktober, bis maximal 15. November. Das ist für mich diese Zeit, wo ich die Sachen vorbereite, wo ich diesen entscheidenden Vorsprung nutze gegenüber der Konkurrenz.

Viele denken noch bis zum Jahresende, wollen dann noch irgendwie Geld ausgeben, um sozusagen den Gewinn zu schmälern. Viele Unternehmen machen im Dezember noch Werbeaufträge. Ich habe nicht selten am 22.12. noch Aufträge für Kunden gedreht. Ich erinnere mich an einen Auftrag für einen Werbefilm für ein Hotel in Hamburg, was wir am 22.12. einmal gedreht haben im Schnee. Für eine Golfschlägerfirma haben wir auch mal am 22.12. ein anderes Jahr gedreht. Und ich sage Dir: Okay, wir nehmen dann diese Aufträge noch mit oder das haben wir damals so gemacht. Aber Unternehmen, die langfristig erfolgreich vorgehen, denen fällt doch nicht am 22.12. ein, noch eine Werbung zu drehen, um noch Geld auszugeben in dem Jahr. Die Umstände werden ja immer schlechter. Im letzten Jahr haben wir noch einen Recruiting-Spot gedreht Ende November. Das war noch hart an der Grenze. Und das aber in Hamburg und im Freien. Denkbar schlechte Bedingungen, aber ein Glücksfall: An dem Tag hatten wir gutes Wetter.

Worauf ich hinaus will, ist: Du musst Dir frühzeitig überlegen, was Du machen willst. Es ist so ähnlich wie beim Schach, man plant ein paar Züge voraus. Oder auch vom Prinzip her Reverse

Engineering. Was ist das, was Du erreichen möchtest, das Ziel? Und welche Schritte kommen da vor?

Du fängst von hinten an, das System zu gestalten. Das heißt, die Schritte, die man als erstes sieht, haben noch gar nichts unbedingt zu tun mit dem Endziel. Und auch, wenn es so simpel klingt: Wenn Du den September nutzt, um zu starten, dann wird Dir die Umsetzung viel, viel leichter fallen. Dann hast Du einen extremen Vorsprung. Orientiere Dich also nicht an der Masse. Du weißt ja: Nur tote Fische schwimmen mit dem Strom. Deine Vorsätze sollten im September starten. Und wenn Du dieses Buch jetzt erst im Oktober liest, dann halte Dich ran und gib jetzt Gas.

Ein weiterer Aspekt, weshalb ich einen entscheidenden Wettbewerbsvorteil habe, ist, dass ich mir die Trends anschaue. Ich gucke mir die Trends an für eigene Projekte, für fremde Projekte, auch für Kundenprojekte. Das heißt, ich gucke nach Keywords. Im Internet haben wir sehr viele Daten. Wir haben Big Data. Ich gucke bei Google Trends: Was wird gesucht? Was wird wann gesucht? Einfaches Beispiel: Wenn Du ein Fitnessstudio hast, dann gibt es zwei große Wellen im Jahr, wo eine ganz große Nachfrage ist nach Fitnessstudios. Die eine Welle ist Anfang des Jahres, im Januar/Februar, vor allem im Januar. Das heißt, Du musst eine Werbeaktion im Januar starten. Und diese Werbeaktion fängst Du natürlich an zu planen im September und nicht erst in der Woche zwischen Weihnachten und Silvester.

Und wenn Du ein Steuerberater bist, dann sind die wichtigsten Zeiten für Dich zum einen der Mai, wo die meisten Menschen ihre Steuererklärung beim Finanzamt abgeben müssen, weil der Stichtag der 31. Mai ist. Deshalb ist der Mai unheimlich wichtig. Also wenn Du als Steuerberater etwas reißen willst, dann solltest Du bis zum April am besten ready sein. Das heißt, Du bereitest das schon mal so vor. Und Deine komplette Konzentration geht also auf Mitte April, so dass Du im Mai auf jeden Fall am Start bist, damit Du den First Mover machst in dieser Zeit, wenn dann alle aufgewacht sind und sich um ihre Steuererklärung kümmern. Und das geht dann rein bis in den Juni, vielleicht sogar noch ein bisschen weiter. Das heißt, je nachdem, was Dein Thema ist, was Deine Branche ist, kannst Du danach gucken. In den Möglichkeiten, die wir heute haben, kannst Du danach gucken in den Datenbanken, die so viele öffentlich daliegen, und schaust: Wann ist der richtige Zeitpunkt, um am Start zu sein? Und von diesem Zeitpunkt an rechnest Du rückwärts. Wann musst Du mindestens anfangen? Und wenn Du dann Gas gibst, wenn Du dann startest, dann kannst Du nochmal einen obendrauf setzen gegenüber der Konkurrenz, wenn Du massiv an den Start gehst. Wenn Du 110 Prozent gibst. Wenn Du richtig Action machst.

Ich sage immer: Ich zahle gerne. Damit meine ich nicht den alten Slogan der GEZ. Ich zahle gerne in Action. Du musst bereit sein, in diese Action zu investieren. Denn das bringt Dir nachher noch mal ein paar Längen Vorsprung. Du kennst den richtigen Zeitpunkt. Du fängst früh genug an und gibst dann 110 Prozent. Dann hast Du einen dreifachen Vorsprung. Probiere das aus. So musst Du da rangehen. Das sind einige der entscheidendsten Mechanismen, nach denen ich verfahre. Das heißt, wenn Du Techniken an die Hand bekommen möchtest, dann sind es als Erstes diese drei. Das sind die entscheidenden Wettbewerbsvorteile, die jeder für sich nutzen kann. Ich freue mich, wenn es Dich weiterbringt.

KAPITEL 10

Ich zeige meine Vision. Verbindlichkeit, Rechenschaft und Ziele.

Die Umsetzungstypen, die ich für mich definiert habe, hast Du bereits kennengelernt. Du hast Dir die Matrix angesehen und hast Dir überlegt, wo Du stehst und wo Du hin möchtest. Und dabei ist es wichtig zu verstehen, dass wir immer eine Mischung sind aus den verschiedenen Umsetzungstypen und dass der Prozess dynamisch ist. Das heißt, Du kannst Dich innerhalb dieser Matrix flüssig bewegen nach oben oder auch nach unten. Letztendlich gibt es bei den Extremen auch immer gute Seiten, an denen man sich erfreuen sollte oder aus denen man etwas ziehen sollte.

In diesem Kapitel geht es darum, dass Du Deine Vision mit anderen teilst. Aber nicht so wie der Schnacker, der nur seine Vision teilt, sondern: Wenn Du Dich auf den Weg gemacht hast, wenn Du begonnen hast, wenn Du angefangen hast, dann solltest Du Dein Umfeld teilhaben lassen. Beginne mit den Vertrautesten, mit den wichtigsten Personen in Deinem Umfeld. Die Personen, die Dich nach vorne bringen. Nicht die Leute, die Dir nahestehen, die Dich bremsen, sondern die, die Dich nach vorne bringen.

Diesen Menschen gegenüber musst Du Dich verbindlich für Dein Ziel entscheiden. Das heißt, Du gehst ein Commitment ein. Du hast Dich dazu verpflichtet. Du bist in der Rechenschaft. Beispielsweise, als ich aufgehört habe zu rauchen. Ich habe das Thema ausführlich in meinem ersten Buch, "Kopf schlägt Potenzial", beschrieben, wie es dazu kam. Es kam quasi über Nacht. Aber ich wusste plötzlich, dass ich nie wieder rauchen werde. Und das habe ich auch gleich meinem Umfeld kundgetan. Ich habe es nicht jedem Menschen, den ich kenne, mitgeteilt. Sondern ich habe es meinem engsten Umfeld mitgeteilt. Und auch da haben einige gezweifelt und gedacht: Mal sehen, ob Du das jetzt länger durchhältst. Und ich habe es durchgehalten. Probiere es, Dich zu committen. Das heißt, ich gehe das ein. Ich bestätige meinem Gegenüber, dass ich alles tun werde, was nötig ist, um dieses Ziel genau in dieser Verbindlichkeit zu erreichen. Das ist der Weg, den ich wähle. Das ist keine Technik. Das ist Mindset. Das ist Disziplin. Das sind Gewohnheiten. Das ist möglich beim Rauchen. Das ist möglich beim Sport. Das ist möglich beim Lesen. Das ist aber auch genauso möglich beim Schreiben, beim Delegieren, beim Aufbauen. Das ist auch für kreative Prozesse möglich.

Wenn Du den ersten Teil dieses Buches intensiv gelesen hast, Dich damit beschäftigt hast, Dir Notizen gemacht hast, wird es Dir ein Leichtes sein, genau dieses Commitment einzugehen. Diese Verbindlichkeit gegenüber Deinem Umfeld zu äußern und zu sagen: Es ist so. Ich habe es gesagt, es ist so. Und verfalle nicht in das Schwammige. Verfalle nicht in das Vielleicht. Gegebenenfalls. Könnte. Würde. Nein! Nicht akzeptabel! Ich habe dieses Buch nicht veröffentlicht, damit Du vielleicht, irgendwann mal, gegebenenfalls etwas aus Dir machst, etwas daraus machst oder überhaupt anfängst. Ich habe dieses Buch hier für Dich geschrieben, damit Du ins Handeln kommst. Damit Du ein Profi wirst. Und Du weißt: Jeder Profi war mal Anfänger. Also, fang an!

Die Analogie mit dem Imker aus Kapitel 2, mit den Umsetzungstypen, kommt nicht von ungefähr. Ich sage Dir: Die Analogie Imker-Bienen ist einfach genial für ganz viele Projekte. Du musst da vielleicht ein bisschen zu Deinem Projekt abstrahieren. Aber lass mich es einmal erklären: Der Imker ist ein Stück weit passiv innerhalb des Prozesses des Machens. Ja. Aber er hat die Vision gegeben und den Rahmen. Er hat auch die Verantwortung im Positiven und im Negativen. Der Imker ist verantwortlich für die Qualität des Honigs. Und deshalb wird jeder Imker den Prozess überwachen. Er wird die Zwischenziele überwachen. Das heißt, in regelmäßigen Abständen werden Zwischenziele gemessen und erreicht, gegebenenfalls optimiert. Der Honig wird zwischendurch probiert. Wird es mehr in die Richtung gehen, wird es mehr in die Richtung gehen? Was können wir optimieren? Wo liegen gegebenenfalls Herausforderungen? Wo sind Barrieren, Blockaden? Was muss weg? Diese Zwischenziele sind unheimlich wichtig. Und die kannst Du mit Deinem Gegenüber, mit Deinem Umfeld besprechen. Vorteile. Nachteile. Fortschritte. Rückschritte. Probiere den Honig. Wie schmeckt er? Was kannst Du besser machen? Und Dein Gegenüber, der Sparringpartner, der weiß von Deinem Ziel. Der weiß es, weil Du verbindlich erklärt hast, dass Du es tun wirst. Und dieser Sparringpartner hält Dich auf der Strecke. Er gibt Dir den Arschtritt, den Du eventuell brauchst. Aber er gibt Dir auch Motivation.

Und wenn Du den Honig probierst, dann wirst Du die Süße schmecken. Und das gibt Dir weiter Ansporn. Deshalb ist es wichtig, dass Du diese Verbindlichkeit eingehst, diese Rechenschaft, und das mit Zwischenzielen machst. Wenn Du es nämlich nicht machst, dann kannst Du Dich verstecken. Dann kannst Du sagen, es wäre nicht so. Du musst es nicht probieren. Und das führt dann langfristig eher dazu, dass Du es dann doch nicht machst.

Aber diese Zwischenziele sind nicht nur Kontrolle, nicht nur mit dem Rohrstock. Nein. Sie sind auch, um Erfolge zu feiern zwischendurch. Du musst auf dem Weg Erfolge feiern, Dich freuen. Work hard, party hard, könnte man sagen. Also arbeite hart und feiere hart. Aber feiere nur, wenn Du auch Erfolge verzeichnen kannst. Ich sage immer: Jede Woche einmal Champagner. Damit meine ich nicht, dass Du jede Woche Dich betrinken solltest. Das mache ich definitiv nicht. Ich habe sogar ein Drittel dieses Jahres überhaupt gar keinen Alkohol getrunken. Es geht darum, dass Du möglichst versuchst, dass Du jede Woche einen Grund hast, Champagner zu trinken, auch wenn Du keinen trinkst, auch wenn Du keinen Champagner magst. Trink von mir aus eine Buttermilch. Trink von mir aus einen heißen Kakao. Aber gib Dir einen Grund zu feiern, und zwar ehrlich zu feiern. Und mach nicht das Couch-Potato-Feiern, sondern feiere ordentlich Deine Erfolge, die Du vorher verbindlich festgelegt hast. Du musst Zwischenziele feiern, wenn Du große Ziele hast, die Du niemals erreichen kannst. Die Verbindlichkeit und Rechenschaft sind meiner Meinung nach absolut wichtige Faktoren und Säulen auf Deinem Weg zum Imker. In Dir steckt das Zeug zum Macher. In jedem auf diesem Planeten steckt das Zeug zum Macher. Aber fast niemand nimmt es sich zu Herzen und öffnet sein Herz, zum einen für Dich selbst und zum anderen für Dein Umfeld. Ich hoffe, dass es Dir jetzt in den Fingern juckt, dass Du etwas aufschreiben musst oder jemanden anrufen musst. Tu es jetzt und fang an!

KAPITEL 11

Es gibt kein Morgen. Scheitern ist keine Option. Aufschieben heißt Verlieren.

Wenn Du kleine Kinder hast oder Nichten, Neffen oder Enkel, wirst Du wissen, was ich meine, wenn ich sage: Zeitpräferenz. Kinder haben eine ganz starke Zeitpräferenz. Und ich kann Dich beruhigen, nicht nur Kinder. Was ist damit gemeint? Wenn Du ein Kind fragst: Möchtest Du jetzt eine Tafel Schokolade oder möchtest Du in einer Stunde zwei Tafeln Schokolade, entscheidet sich das Kind immer für die eine Tafel Schokolade, die es jetzt haben möchte. Kann man gut nachvollziehen. Ein Tipp: So ist es auch mit Parkplätzen in Köln! Da musst Du auch den nehmen, den Du als Erstes siehst, denn es gibt nicht so viele. Aber mit den meisten Sachen, die die Umsetzung betreffen, und darum geht es in diesem Buch, darfst Du es nicht auf morgen verschieben, denn sonst tritt es niemals ein.

Das Kapitel mit dem Schwung und der 72-Stunden-Regel hast Du ja bereits gelesen oder gehört. Und genau diesen Schwung machen wir uns wiederum zunutze. Unser Gehirn will immer wieder diese Zeitpräferenz und denkt sich: Okay, nein, das machen wir lieber morgen. Unangenehme Sachen machen wir immer lieber morgen. Und Du weißt es sicher: Morgen wird großes Kino. Morgen räumen wir den Keller auf. Morgen streichen wir den Zaun. Morgen defragmentierst Du Deinen Computer. Morgen gehst Du zu Deinem Chef und fragst nach einer Gehaltsverhandlung. Morgen machst Du Deinem Liebling endlich den Antrag. Morgen gehst du zum Friseur und zum Zahnarzt. Morgen fährst Du zum Orthopäden und anschließend in die Waschanlage. Morgen schreibst Du Deine Zeile auf. Morgen startest Du Dein Journal. Morgen wird großartig. Morgen ist Dein Tag. Bullshit!

Hermann Scherer sagt in fast jedem seiner Vorträge: Morgen gibt es Freibier. Also niemals. Denn es ist immer heute. Wir leben in der Gegenwart. Du lebst immer im Heute. Ich habe noch nie im Gestern gelebt und ich habe noch nie im Morgen gelebt. Hör auf, Dich selber zu verarschen. Scheitern ist keine Option. Und wenn Du aufschiebst, hast Du verloren. Wenn Du es fest in Deinen Terminkalender einträgst, feste Uhrzeit, fester Slot, feste Aufgabe, dann kannst Du Dir einen beliebigen Tag aussuchen. Und dann musst Du das an dem Tag natürlich auch umsetzen. Aber: Verarsche Dich nicht selber und sage einfach nur: Morgen. Ich mache das morgen. Kennst Du das Lied Morgen Freeman von Absolute Beginner? Hör Dir das auf jeden Fall mal an. Eine Passage aus diesem Lied finde ich ganz lustig und sehr passend für viele Aufschieber.

"Glaube mir, wenn ich sage: Morgen bedeutet etwas anderes als der nächste Tag. Morgen ist eher mit dem Moment zu vergleichen, wenn die FDP es schafft, 40 Prozent zu erreichen."
Jan Eißfeldt, Absolute Beginner, aus dem Lied Morgen Freeman.

Jetzt weißt Du, was Sache ist! Das bedeutet morgen. Denke daran. Wo, wenn nicht hier? Wer, wenn nicht Du? Und wann, wenn nicht jetzt? Schon tausend Mal hast Du den Spruch gehört: Lebe lieber im Hier und Jetzt, wir müssen den Moment genießen etc. Nimm das jetzt einfach noch mal mit als Impuls. Dass Du nicht an Morgen glaubst, sondern an das Heute und an Dich und an Deine Vision. Und dass Du sie umsetzt. Dass Du was draus machst. Ich freue mich, und zwar heute schon! Vielen Dank.

KAPITEL 12

Was ich in meiner Mastermind erlebe. Strategie, klare Worte und Arschtritte.

Ich widme dieses Kapitel in diesem speziellen Buch meiner Mastermind. Denn ich glaube, zu dem Thema Umsetzen gibt es keinen konzentrierteren, fokussierteren Ort. Das Umfeld ist so entscheidend. Und das zeigt sich in der Mastermind jeden Tag. Schon lange, bevor ich "Kopf schlägt Potenzial" geschrieben habe, mein erstes Buch, habe ich immer wieder Leute beraten, Menschen begleitet, gecoacht, Projekte eröffnet und zusammen umgesetzt. Und das habe ich in diesem Jahr professionalisiert. Ich gründete meine erste Mastermind. Das heißt, zehn Personen können sich für die Mastermind bewerben. Und mit jedem Bewerber telefoniere ich persönlich und schaue, ob die Zusammenarbeit funktionieren könnte und ob die entsprechende Person in die Gruppe passt. Und es ist sagenhaft, was für tolle Gespräche ich da führe, was für tolle Menschen ich dort kennenlernen darf.

Die Teilnehmer kommen aus allen Branchen und sind sehr unterschiedliche Menschen. Und dennoch laufen sie in die gleiche Richtung. Das finde ich immer sehr entscheidend. Und: Sie brennen vor Leidenschaft für ihr Projekt, für ihre Bestimmung, für ihren Purpose. Die Teilnehmer der ersten Mastermind waren so unterschiedlich. Der jüngste war 23 Jahre alt und der älteste 54. Dazwischen war alles vertreten. Und jetzt spreche ich darüber, was das mit Umsetzen zu tun hat. Jeder Mastermind-Teilnehmer hat sein Projekt, seinen Herzenswunsch oder auch seinen Schmerz, den er mit sich herumträgt, an dem wir gemeinsam arbeiten in einem Zwölf-Wochen-Programm. Das sind unterschiedlich intensive Pakete. Es gibt aber für alle Teilnehmer einen wöchentlichen Video-Call, an dem alle teilnehmen. Und alle drei Monate ein Mastermind-Meeting, wo wir uns treffen und austauschen.

Abgesehen davon gehen wir zusammen zu Seminaren et cetera. Also es gibt schon sehr viele Reibungspunkte. Das Entscheidende ist, dass durch dieses konzentrierte Umfeld, durch diese Routinen und Strukturen und durch diesen gemeinsamen Push in die richtige Richtung jeder Teilnehmer einen unheimlichen Entwicklungsschub macht. Innerhalb von kürzester Zeit, von wenigen Wochen, starten hier viele durch. Und damit meine ich: Sie beginnen, Bücher zu schreiben. Sie denken sich Podcast-Sendungen aus. Sie bauen Internet-Plattformen auf. Sie kreieren Produkte. Sie arbeiten an ihrer Persönlichkeit. Es ist Wahnsinn! Ich wusste, dass es funktioniert. Ich wusste, dass das Spaß macht, dass das Freude macht. Und dass es für mich auch berauschend ist, mich in die Teilnehmer und ihre Projekte reinzudenken, einzuarbeiten und sie voranzutreiben, mich zum Teil auch zu beteiligen. Aber ich konnte nicht wissen, wie groß der Effekt ist, wie sehr das Umfeld pusht.

Die Themen, die positiv und negativ in die Mastermind getragen werden, diskutiert werden, wo man sich gegenseitig hilft, wo man Gefallen austauscht, wo sich die Teilnehmer untereinander auch treffen, haben einen ganz, ganz besonderen Wert. Zudem liebe ich es, mich strategisch genau mit den Techniken, die ich auch hier im Buch anspreche, in die entsprechenden Projekte reinzuarbeiten, reinzudenken. Ein Teilnehmer sagte letztens zu mir: Ja, eigentlich habe ich das alles schon gewusst, habe ich das alles schon gelesen. Aber seit Jahren trage ich es mit mir rum und habe es noch nicht umgesetzt. Und jetzt bin ich seit vier Wochen in der Mastermind und habe einen Fortschritt gemacht wie in den letzten zwei Jahren nicht. Die Teilnehmer überdenken ihre

Ziele, sie überdenken ihren Horizont und sie überdenken ihr Potenzial. Das ist sowas von genial!

Alles, was ich hier im Buch schreibe und was ich in meinem anderen Buch auch geschrieben habe, sehe ich hier in der Praxis wahr werden. Das ist natürlich immer auch mit Arbeit verbunden, ganz klar. Hier fällt es nicht wie Manna vom Himmel. Ich sage immer wieder: Wir fahren nicht auf Rosen gebettet mit der Rolltreppe in den Himmel. Wir zahlen mit Action. Ich erwarte auch Action. Ich erwarte auch, dass sich die Teilnehmer committen und dass sie ihre Strategie und ihre Aufgaben so gut wie möglich verfolgen oder noch besser. Und in jeder Familie gibt es mal Probleme, gar keine Frage. Und in jedem Umfeld gibt es Probleme. Aber dieser Ort ist so speziell, dass man alles auf den Tisch packen kann. Man hat im Endeffekt zehn Sparringspartner. Was auch total bemerkenswert ist: Die unterschiedlichen Branchen, die sich mischen. Sei es Finanzdienstleistung, Industrie, Chemie, Ingenieur, Online-Marketing, Vertriebler, Außendienstler, Programmierer, Software-Entwickler. Eine Mischung, von der viele am Anfang denken: Nein, was sollen die sich denn gegenseitig helfen können? Aber genau das ist der Punkt. Du kannst nicht immer nur in Deiner eigenen Suppe schwimmen. Du musst auch mal ins große Meer. Und Du musst Dich mit anderen austauschen.

Das große, verbindende Element ist die Vision, die großen Ziele und die Gier nach Umsetzen. Keiner in dieser Gruppe will normal sein. Und das ist das Erfrischende. Das fordert mich jede Woche heraus. Das fordert die Teilnehmer jede Woche heraus. Das lässt uns gemeinsam aufs Gaspedal drücken. An diesem Beispiel möchte ich Dir zeigen, wie wichtig das Umfeld ist. Du musst Dir nicht unbedingt eine Mastermind suchen. Fang doch einfach an mit einem Stammtisch von Gleichgesinnten in Deiner Nähe. Gründe eine Facebook-Gruppe oder konsultiere eine Facebook-Gruppe, die es schon gibt, wie die 5-Ideen-Community oder die Kopf-schlägt-Potenzial-Community. Suche nach Gleichgesinnten aus Deiner Region. Triff Dich mit denen oder mache regelmäßig Zoom-Calls. Tauscht Euch aus und packt auf den Tisch, womit Ihr Euch beschäftigt. Ich verspreche Dir: Der Effekt ist immens. Zum Beispiel könntest Du Dich mit anderen Lesern dieses Buches zusammentun und sagen: Okay, vielen Dank für das Buch. Jetzt suche ich Sparringspartner oder Teammitglieder oder Partner auf Augenhöhe, mit denen ich gemeinsam mein Projekt realisiere. Tue Dich zusammen und mach was draus. Jeder Profi war mal Anfänger. Und da kannst Du auch hinkommen. Aber Du musst anfangen.

Ich sage Dir nicht ohne Stolz, dass aus meiner Mastermind sehr viele langfristige Projekte entstehen werden, langfristige Persönlichkeiten,

Plattformen, große Ideen, die umgesetzt werden. Oft bedanken sich die Teilnehmer bei mir. Dann sage ich immer, dass ich selbst so dankbar bin, dass sie es umsetzen. Dass sie etwas machen. Dass sie geil abliefern wollen. Dass sie 110 Prozent geben wollen. So halte ich es mit meinen Mentoren. Und so halte ich es mit meinen Teilnehmern in der Mastermind. Ein Effekt, den leider viele oft unterschätzen, ist, dass innerhalb eines Netzwerkes, wenn dort einer einer Person hilft, dann ist es nicht so, dass dann der Abstand zu dieser Person größer wird und sie sich vielleicht entfernen. Nein. In Wirklichkeit steigt das ganze Netzwerk gemeinsam. Das sind meine Erfahrungen zu meiner Mastermind. Ich empfehle Dir: Mach Du Deine eigenen!

KAPITEL 13

Machen statt Quatschen

VON MIKE FISCHER

Mein Name ist Mike Fischer, ich komme aus Gera, das ist eine wunderschöne Stadt in Thüringen, und mein Freund, Dave, hat mich gebeten, innerhalb von fünf Minuten meine Leidenschaft als Unternehmer - mittlerweile 30 Jahre - auf den Punkt zu bringen. Dave, das ist schon eine Herausforderung, aber ich probiere es trotzdem mal:

Ich habe mich im März 1990 als Fahrschullehrer mit einem Trabant 601 Deluxe selbstständig gemacht. Die Voraussetzung für ein gutes Business war damals suboptimal, denn wir hatten zu DDR-Zeiten sage und schreibe acht Jahre Wartezeit auf den Führerschein. Ich habe im März eröffnet. Es war in Gera damals die erste private Fahrschule und mein Trabbi und ich wir hatten innerhalb von vier Wochen sage und schreibe 4000 Anmeldungen in unserer Kartei. Ich würde sagen, es war eine Zeit, in der du die Kunden nicht verhindern konntest.

Was wir aber 1990 und in den Folgejahren wussten, waren die Geburtenraten. Wir wussten, wie viele Kinder in Gera geboren wurden. Und da muss man sagen, das war natürlich dramatisch. Man nennt das heute den „demographischen Wandel" in Deutschland.

Wir wussten eigentlich schon 1990, dass 2008, also 18 Jahre später, wenn die Kunden zu uns kommen, uns da schlichtweg drei von vier Kunden fehlen werden. Und das war all die Jahre wie ein Damokles-Schwert, das uns irgendwann den Kopf abhaut. Wir mussten uns schlichtweg mit dieser Existenzangst auseinandersetzen: Wenn 2008 kommt, wie geht es dann weiter, wenn drei von vier Kunden fehlen? Wie kann ich als regionaler Fahrschulanbieter mit meinem Betrieb meine Mitarbeiter/-innen und auch die Produktionsmittel schützen und weiter erhalten? Anfangs sind wir natürlich nicht so richtig auf die Ideen gekommen.

Es muss 2004 gewesen sein, als in unserem Ideenmeeting – wir haben eine Ideenkultur bei uns, in der die Mitarbeiter das Unternehmen einfach so gestalten können, wie sie es im Herzen tragen – einer eine Idee hatte: „Naja, wenn wir ab 2008 unsere Familien durch die Geburtenjahrgänge in Gera nicht mehr ernähren können, was wäre denn, wenn wir die Kunden aus ganz Deutschland zu uns nach Gera holen?".

Und das war natürlich ein Gedanke, der nicht nur geil war, sondern extrem kraftvoll. Denn, um das mal mit Zahlen zu definieren, wir hätten also bei einem Marktanteil von 100 Prozent, was natürlich in der Regel bei Fahrschulen nicht klappt, im Jahr 2008 500 Schüler zur Verfügung. Aber jedes Jahr macht in ganz Deutschland eine Million den Führerschein. Das war natürlich eine gewaltige Zahl. D.h. also: unser Potenzial hätten wir auf eine Million ausweiten können und ich mach's kurz:

Wir haben 2008 das erste deutsche Fahrschulinternat gegründet, in dem wir Motorrad in fünf, PKW in sieben und LKW in zehn Tagen anbieten; wir holen die Schüler aus ganz Deutschland zu uns, die Schüler schlafen in unserem Fahrschulinternat, sie werden verpflegt in unserem Restaurant. Das ist ein Pizzalieferdienst, der Salat, Pizza und Pasta anbietet. Wir haben eigentlich ein ganzes Dorf gegründet, das „Fischer-Dorf" mitten in Gera. In diesem Dorf gibt es natürlich auch ein Rathaus, wie gesagt, das eigene

Restaurant, es gibt das Übernachtungsinternat, eine Kantine, mehrere Schulungszentren, also Schulungsräume, wir haben einen eigenen Dorfplatz, eine Elektrotankstelle und natürlich wie es sich gehört, wenn Du in das kleinste Dorf Deutschlands reinfährst, auch ein Ortseingangsschild.

Damit haben wir natürlich diese Probleme lösen können. Es kommen Schüler aus ganz Deutschland zu uns, die die Ausbildung machen. Und das Problem war natürlich: Wie schaffen wir die Transformation vom regionalen zum nationalen Anbieter? Das haben wir natürlich am Anfang mit Google AdWords versucht und dann haben wir die ersten TV-Auftritte gehabt, die Presse hat uns natürlich dann auch aufgegriffen, weil wir das Thema „Führerschein" einfach ganz anders betrachtet haben.

Das war schon ganz gut und hat uns viel Bekanntheit national gebracht, aber so richtig ab ging es dann, als der erste YouTube-Star bei uns war und auf seinem Kanal dann mal hochgeladen hat, wie es in sieben Tagen hier bei uns im Fischer-Dorf abläuft. Und das hatte natürlich sehr viel Resonanz bei der Zielgruppe. Klar: Führerschein, junge Leute, YouTube-Star, YouTube allgemein wird viel geschaut und das hat uns natürlich weit nach vorne gebracht. Wir sind heute mittlerweile soweit, dass wir schon sehr viele YouTube-Stars bei uns hatten - eigentlich fast jede Woche in jedem Kurs ist einer mit dabei - und wir haben momentan schon so viel Anfragen, dass wir nur noch die aufnehmen, die mehr als eine Million Follower haben.

Letztendlich muss man sagen, war die Entscheidung, ein Fahrschulinternat, ein ganzes Dorf zu gründen, vollkommen richtig. Man musste dafür natürlich ein bisschen Mut haben und große Investitionen tätigen, aber aus heutiger Sicht hat uns das letztendlich das Leben gerettet. Wir konnten anstatt abzubauen, wie es bei vielen Fahrschulinhabern im Osten ab 2008 passiert ist, unsere Mitarbeiterzahlen verdoppeln und die Schülerzahlen verdreifachen. Und das ist natürlich toll für alle am Unternehmen beteiligten und ich kann jedem nur raten, darüber mal nachzudenken: Wenn man ein Business macht und der Markt ist zu klein, dann ist die Gewohnheit zu groß. Und oft werde ich auch gefragt: „Mike, was ist denn so deine Metapher, mit der du durchs Leben gehst?". Ich habe natürlich viele. Momentan gefällt mir besonders gut: „Wenn dir das Leben Saures gibt" - also das ist ja in dem Moment, in dem in meinem Fall die demographische Entwicklung stattgefunden hat und uns eigentlich die Kunden nicht geboren wurden - „dann mach verdammt nochmal Limonade draus!" - und Limonade ist eben das Fischer-Dorf.

Also in diesem Sinne, wünsche ich allen Zuhörern und Lesern weiterhin viel Erfolg, Ihr könnt uns jederzeit im Fischer-Dorf besuchen, um mal hier dieses Feeling, den Spirit zu erfahren. Ich lade Euch herzlich ein.

Bei uns gibt es im Übrigen leckeren Kuchen. Unsere Elke backt immer bomben Kuchen und Kaffee gibt es auch. Ihr seid herzlich eingeladen, ich freue mich auf Euren Besuch. Euch allen alles Gute! Bis dann, ciao!

KAPITEL 14

Spedifort braucht das Land

VON ANDREAS RINNHOFER

spedifort
E-LEARNING FÜR SPEDITIONEN

Für mich ist es faszinierend und eine Ehre zugleich, hier ein Gastkapitel schreiben zu dürfen. Dave Brych hat mich nach einem Live-Stream mit dem Investmentpunk, Gerald Hörhan, kontaktiert und meinte: „Ich möchte Dich einmal in meinem Podcast interviewen." Das ist jetzt circa ein Jahr her. Aber jetzt lesen Sie hier meine Geschichte, wie es zu meinem Erfolg kam und was auch alles im letzten Jahr passiert ist.

Mein Name ist Andreas Rinnhofer und ich bin ein Kind des 1983er-Jahrgangs. Meine Eltern waren früher Unternehmer und ich ein sehr schlechter Schüler. Ich erinnere mich, wie meine Mutter damals nach Erhalt der Mittleren Reife zu mir sagte: „Wenn Du weiter zur Schule gehst, wird es Dir an nichts fehlen und Du wirst sogar ein Auto haben." Aber ich hatte keine Lust mehr auf den schulischen Weg und sechs Monate nach Quälen in einer weiterführenden Schule später haben meine Eltern auch kapituliert und ich durfte mir einen Job suchen. Ich habe sofort angefangen in einer Spedition zu arbeiten. Vier Jahre später hatte ich meinen Grundwehrdienst beim österreichischen Heer absolviert. Ich kam wieder zurück in die Spedition und da dachte ich mir immer: „Ist hier mein Weg schon zu Ende oder ist noch Luft nach oben? Wie kann ich mehr erreichen?" So wechselte ich in eine andere Spedition und entschied mich, berufsbegleitend ein Wirtschaftsstudium (BWL, VWL und Recht) zu beginnen.

Das erste Seminar lief sehr gut und ich war Feuer und Flamme. Der Rest des Studiums wurde von vielen Nachhilfestunden und zusätzlichen Kursen begleitet. Mein damaliger Chef meinte jedoch, für was ich das Studium brauche, wenn ich in einer

Spedition arbeite. Es wäre sinnvoller, mich mehr mit Sprachen zu beschäftigen. Gesagt, getan: Ich hatte einen 40-Stunden-Job als Disponent, von dem es heißt, dass dieser sehr stressig sei, ein berufsbegleitendes Studium und einen Italienisch-Kurs.

Erstaunlicherweise bin ich nicht durchgedreht, aber Italienisch kann ich bis heute noch nicht. Dafür liegen mir Zahlen, Daten, Fakten und Prozesse. Eins meiner Hobbies ist z. B. der Vertrieb.

Mein damaliger Chef meinte: „Wenn Du die Sprache nicht erlernst, bist Du für mich nicht so individuell einsetzbar, wie andere Kollegen, die mehr Sprachen sprechen können. Deshalb erwarte ich mir von Dir mehr Umsätze als von Deinen Kollegen." Darauf habe ich geantwortet: „Das ist ein Deal!" Ich gab daraufhin Gas in meinem Job und wurde dadurch in meinem Job erfolgreich. Zusätzlich konzentrierte ich mich wieder voll und ganz auf mein berufsbegleitendes Studium.

Drei Jahre später ging es in Richtung Ende des Studiums. Das Abschlussjahr hatte es richtig in sich: An einem Samstag im Februar starb meine Mutter und ich nahm mir lediglich den Montagnachmittag zur Beerdigung frei. Zur Überwindung der Trauer stürzte ich mich in die Arbeit. Dies hatte zur Folge, dass diese Woche erstaunlicherweise eine meiner ertragreichsten Wochen in meiner ganzen Speditionslaufbahn war. Einen Monat später erfuhr ich, dass ich Vater werde und ich hatte noch meine Abschlussprüfungen, auf die ich mich vorbereiten musste. Gleichzeitig habe ich meine Wohnung renoviert, damit meine Freundin, die meine jetzige Ehefrau ist, und mein Kind schnellstmöglich bei mir einziehen können. Das waren interessante Tage und Nächte…

Kind gut, Studium gut, alles gut: Ich arbeitete mich im Laufe der Jahre hoch zum Abteilungsleiter, dann später zum Speditionsleiter und leitete 2014 mit 32 Jahren ein 35-köpfiges Team und war gleichzeitig noch für die Digitalisierung in einem großen Speditionskonzern verantwortlich. Ich wusste in meiner beruflichen Laufbahn noch nie, was eine 40-Stunden-Woche ist. Außerdem waren Feiertage für mich ein Fremdwort, denn Feiertage und die Spedition lassen sich europaweit nicht vereinbaren.

In den Jahren nach dem Studium hat mir immer etwas gefehlt, wenn ich mich nicht weitergebildet habe. Deshalb kann ich auf sehr viele Zertifikate in meinem Lebenslauf zugreifen, wie z. B. als Abfallbeauftragter für Güterverkehr oder die Teilnahme am Führungskräftetraining bei Sebastian Körber. Das ist aber noch nicht alles: Ich absolvierte auch noch eine sechsmonatige Rhetorik-Akademie am WIFI in Innsbruck, einen Lehrgang zum Angebotsmanagement, einen Lehrgang zum IT Prozessmanagement an der Fachhochschule Kufstein und der Hochschule Rosenheim. Zusätzlich habe ich noch ein Zertifikat als „Apics – CSCP Certified Supply Chain Professional" in meinem Büro hängen.

Zu meinen Aufgaben als Speditionsleiter gehörte es unter anderem, neue Mitarbeiter auszubilden und sie schnell fit für den Speditionsberuf zu machen. Schnell wurde mir aber bewusst, dass wir immer die gleichen Geschichten Monat für Monat runterbeteten.

Eines Sonntagabends hat sich meine Frau ein Fitnessprogramm, in dem Übungen gezeigt werden und man Ernährungspläne downloaden kann, heruntergeladen. Da sagte ich zu meiner Frau: „Es wäre perfekt, wenn es eine solche App auch für die Speditions- und Logistikbranche geben würde." Ich habe sehr intensiv recherchiert und bin leider schnell zur Erkenntnis gekommen, dass es nichts dergleichen für diese Branche gab. Da ich abends keine Fortbildung besuchte und somit Zeit hatte, dachte ich mir: „Andreas, zieh es durch und konzipiere eine eigene Plattform bzw. App für deine Branche!" Also ganz nach dem Motto: „Fang an und mach was draus!"

Angefangen habe ich damit, dass ich mir 150 Videos von einem Inder angeschaut habe, in denen mir erklärt wurde, wie man eine WordPress Seite aufsetzt. Sechs Monate später und nach vielen Versuchen hatte ich endlich einen funktionierenden Prototyp. Eigentlich nur per Zufall habe ich diesen Prototypen meinem ersten Chef gezeigt und ihn nach seiner Meinung gefragt, da wir alle die gleichen Themen, wie Fachkräftemangel, Quereinsteiger-Ausbildung und Sicherheitsunterweisungen zu absolvieren hatten.

Die Idee von Online-Fortbildungen für Speditionen und Logistik überzeugte meinen ersten Chef sehr. Daraufhin ist er mit mir zu befreundeten Logistikunternehmen gefahren und wir holten uns bei allen ein durchweg positives Feedback ab. Zwischenzeitlich hatte ich bezahlte Online-Kurse für mich entdeckt, wie z. B. diverse Kurse aus der Investment Punk Academy, YouTube Marketing von Dave und E-Mail-Marketing von Kris Stelljes. Auch besuchte ich mehrere Veranstaltungen und Schulungen in Präsenz. Als

Dank für die Hilfe bei meinem Prototyp lud ich einen guten Freund zu einer Veranstaltung mit Gerald Hörhan ein. Da das Feedback durch weitere Unternehmer weiterhin sehr positiv ausfiel, entschieden mein erster Chef und ich uns, die INN-ovativ KG zu gründen und „Spedifort – E-Learning für Speditionen" auf den Markt zu bringen.

Gleich zum Start hatten wir über 100 User und nach 14 Tagen ein riesen Problem: Die Plattform stürzte oft ab. Dies Problem haben wir dann schlussendlich auch gelöst. Denn eine Erkenntnis hatte ich schnell verstanden: Es läuft nie so glatt, wie man es sich vorstellt. Stellen wir uns doch nur einen Berggipfel vor. Oben auf dem Gipfel sehen Dich die Leute, doch alles was darunter verborgen liegt, sieht man nicht. Nach fünf Monaten hatten wir großartige Kurse und eine super stabile Plattform. Da wir auch auf der Logistikmesse in München vertreten waren, hatten wir im Vorfeld eine straffe Deadline und dies bescherte mir und meinem Team sehr intensive Tage und sogar Nächte im Büro. Da das Thema E-Learning für Speditionen und Logistik neu war, haben Fachzeitschriften oft über uns berichtet, sodass Spedifort immer bekannter wurde.

Per Zufall habe ich Gerald Hörhan auf Mallorca getroffen, da ich im Urlaub am Pool eine Online-Fortbildung von ihm absolviert habe und ihn im Rahmen dessen kontaktiert habe. So kam ein gemeinsames Abendessen zustande und er meinte daraufhin: „Lass uns ein Livevideo für Facebook machen!" Dieses Video haben sich innerhalb der ersten sieben Tage über 10.000 Leute angeschaut, in dem sie mehr über die Geschichte von Spedifort erfuhren. Das war auch unsere Basis für unseren späteren Auftritt bei Galileo auf ProSieben. Durch dieses Livevideo hat mich auch Dave entdeckt und wir haben uns vernetzt. Ich habe das Buch „Kopf schlägt Potential" von Dave gelesen und auch seinen Online-Kurs besucht. Das Buch mit dem Zitat „Mach was draus" beflügelt mich noch heute. Mein Team und ich geben mit Spedifort Vollgas, wie zum Beispiel jetzt gerade auf der Fahrt von Kiefersfelden nach Düsseldorf, auf der diese Zeilen verfasst worden sind.

Spedifort hat jetzt über 2.000 User und hochkarätige Kunden. Als Unternehmer wird Dir nichts geschenkt, nicht einmal 99,00 € für einen Kurs. Mittlerweile haben wir es sogar geschafft, unser Produkt „Spedifort" nach AZAV zertifizieren zu lassen. Dies gibt Arbeitssuchenden die Chance über die Bundesagenturen für Arbeit unsere Kurse zu machen.

Genau aus diesem Grund schreiben wir diese paar Zeilen. Ich bin am heutigen Mittwoch um 3 Uhr aufgestanden, um nach Düsseldorf zu fahren, komme am Donnerstag erst nach Mitternacht wieder nach Hause. Hier ein kurzer Ausblick, wie für mich die Woche weitergeht: Freitag wird normal im Büro gearbeitet, Samstag bin ich in Nürnberg für einen Videodreh unterwegs. Nächste Woche Montag und Mittwoch ganz normal im Büro; Dienstag in Berlin, Donnerstag in St. Gallen.

Was ich damit zum Schluss sagen will, wenn Du etwas hast, wofür Du brennst, dann mach was draus. Das Leben wird es Dir zurückgeben. Mir gefällt es extrem, was ich derzeit tue. Ob dies zum gewünschten Erfolg führt oder nicht, kann und will ich nicht beurteilen. Natürlich werden andere Leute sagen, dass Du einfach Glück hattest, aber meiner Meinung nach gehört Glück vorbereitet. Das Wichtigste ist, etwas zu tun und nicht nur zu wollen, denn zwischen Tun und Wollen ist ein krasser Unterschied. Fakt ist einfach, dass ich etwas getan habe und darauf sehr stolz bin und mich nicht im Alter die Frage verfolgen wird: „Was wäre passiert, wenn ich nicht diesen Schritt gewagt hätte? Wäre ich in meinem Alltagstrott ertrunken und wäre jetzt froh, wenn ich gleich in Rente gehe?“ Es geht nämlich nie im Leben um die Frage, bin ich selbständig oder nicht. Sondern es geht immer nur darum, den Schritt zu wagen, Neues zu beginnen und darauf einfach mega stolz zu sein!

KAPITEL 15

Wissensriesen und Umsetzungszwerge

VON DIRK KREUTER

Hallo, ich bin Dirk Kreuter und zur Zeit wohl der bekannteste Verkaufstrainer in Europa.

Kennst Du „The Secret"? „The Secret" war vor ein paar Jahren ein Buch, ein Film, der viele in der Weiterbildungsbranche, viele, die sich mit dem Thema „Erfolg" beschäftigen, sehr sehr angesprochen hat, sehr begeistert hat. Es ging darum, dass es um die Gesetze des Universums ging – was immer das auch ist. Du wünscht Dir etwas, Du musst fest daran glauben und dann findet es auch statt. Ja, „The Secret" war damals klasse. Auch ich bin hingegangen, habe meine Ziele visualisiert, habe mir ein Vision Board gemacht und habe natürlich von einem tollen Auto, tollen Reisen, einem super Haus genauso geträumt, wie Tausende andere.

Was ist der Fehler bei „The Secret"? Was ist der Haken? Was fehlt? Es fehlt einfach das Thema „Umsetzen", denn die meisten wünschen sich etwas; dann gibt es einige – das sind übrigens in Deutschland nur drei Prozent, die nicht nur wünschen, sondern sich konkrete Ziele setzen, die diese Ziele auch aufschreiben und die sich dafür entsprechende Etappenziele setzen. Also die Meilensteine setzen, die sich dann überlegen, wie sie diese Ziele erreichen können. Es sind nur drei Prozent. Wie viele dann auch wirklich anpacken und loslegen, da gibt es leider keine Studie zu. Denn der Haken ist, dass wir alle große Ziele haben, große Wünsche, Visionen, aber die wenigsten kommen ins Handeln.

Ich sehe das jedes Jahr im Fitnessstudio: Ich gehe regelmäßig ins Studio und es gibt zwei Zeiten im Jahr, in denen es im Fitnessstudio immer sehr voll ist. Das ist der Jahresanfang und es ist die Zeit, in der die Menschen das erste Mal ihren Körper vor dem Spiegel betrachten in Badekleidung und dann sagen: „Oh nein, so kann ich nicht rausgehen!". Und in den Zeiten ist es richtig voll. Da muss man an den Geräten warten. Aber die, die das ganze Jahr da sind, die schauen sich an und sagen sich: „Hey, noch zwei, höchstens vier Wochen, dann ist es hier wieder normal." Ja, dann ist es hier wieder normal, weil dann haben die meisten aufgegeben. Der Großteil hat dann aufgegeben. Es sind nur ganz wenige, die dann aus diesem Jahresanfang oder aus diesem Frühlingshoch dauerhaft bleiben. Ganz wenige.

Also, der Haken ist: wir setzen nicht um. Wir sind alle Wissensriesen und Umsetzungszwerge. Und viele sagen „Wissen ist Macht", aber das stimmt nicht. Wissen ist nicht Macht, sondern angewandtes umgesetztes Wissen – das ist Macht. Und das ist ganz wichtig, da musst Du immer dran denken.

Im Seminar sitzen oft Teilnehmer, die sagen: „Kenn' ich! Ach, kenn' ich. Ja, die Geschichte kenn' ich. Ja, das Beispiel kenn' ich." Ich frage dann gerne nach: „Kannst Du es auch?". Und da wird es schon ruhig. Da wird es ganz ruhig. Die wenigsten können das, was ich auf der Bühne erkläre. Und wenn ich dann sage: „Komm lass es uns mal machen." Die wenigsten kriegen es richtig hin. Ist auch nicht schlimm. Aber was schlimm ist: Kennen, Können und dann kommt das Tun. „Kenn' ich schon." Ja prima, und machst Du es oder kannst Du es schon? „Ja, kann ich auch." Super, gratuliere. Und machst Du's schon? „Äh, nein." Zwei mal ausprobiert, nicht direkt den Erfolg gehabt, gescheitert, was auch immer. Das ist der Haken. Der Unterschied zwischen den Erfolgreichen und den Durchschnittsmenschen ist, dass die Erfolgreichen umsetzen, auch bei Widerständen dranbleiben, dass sie ihre Ziele wirklich erreichen und verwirklichen.

Mir wird nachgesagt: „Dirk, du bist eine Umsetzungsmaschine, du bist ein Umsetzungsmonster." Ja, das ist auch so. Ich setze unheimlich viel um. Von Außen betrachtet denken die Leute: „Wahnsinn, der arbeitet nur. Der gibt ja nur Vollgas." Ja, aber wenn ich mir das selber anschaue, dann denke ich ganz oft: „Das hätte alles viel schneller gehen können. Das könnte alles noch viel schneller gehen." Ich habe den Vorteil, dass ich vieles an mein Team delegieren kann. Ich habe 60 Leute in meinem Team und wenn ich Ideen habe, dann brauche ich nur eine Sprachnachricht einsprechen, abschicken und dann kümmert sich jemand aus meinem Team um die Umsetzung. Ich muss es später nur noch kontrollieren und entweder sagen: „Nein, wir lassen das." Die Idee stirbt wieder oder wir forcieren das Ganze.

Wie immer Du das machst, ich will Dir nur an der Stelle auch mitgeben: Kein Buch macht Dich erfolgreich. Kein Podcast macht Dich erfolgreich. Kein YouTube-Video und – ja sorry, bei allem Respekt – auch kein Seminar. Erfolgreich macht Dich nur das, was Du anschließend davon auch wirklich in die Tat umsetzt. Und deswegen: ich freue mich, wenn Du meinen Podcast hörst, Dir meinen YouTube-Kanal anschaust, meine Bücher liest, auf meine Seminare kommst, aber richtig stolz bin ich, wenn Du mir ein paar Monate später schreibst: „Dirk, ich war da, ich habe es erlebt, ich habe gelernt, ich habe umgesetzt und jetzt habe ich einen Riesenerfolg. Vielen Dank für den Impuls. Vielen Dank für das Wissen. Mein Leben ist jetzt erfolgreicher“, wie immer Du Erfolg definierst. Darauf bin ich dann stolz und dafür bin ich dankbar.

Also, sei ein Umsetzer.
Den Umsetzern gehört die Welt.

Liebe Grüße, Dirk

FANPOST

Mindmap zur Kreuter TV Sendung vom 13.09.2018 mit Dirk Kreuter und Dave Brych

WEBLINK ZU DIESER KREUTER TV SENDUNG: 5IDEEN.COM/KREUTERTV

Hallo Dave,

Anbei das Mindmap als Zusammenfassung von gestern.

Deine Bilder von gestern waren super Anker fürs Gehirn und sehr gehirn-gerecht.

Die Seegurke war dazu noch skurril und sowas liebt unser Gehirn.

Danke für den tollen Input.

Ganz liebe Grüße
Jacqueline

Instagram: Jacqueline Pentrack (@sprachenservice_pentrack)

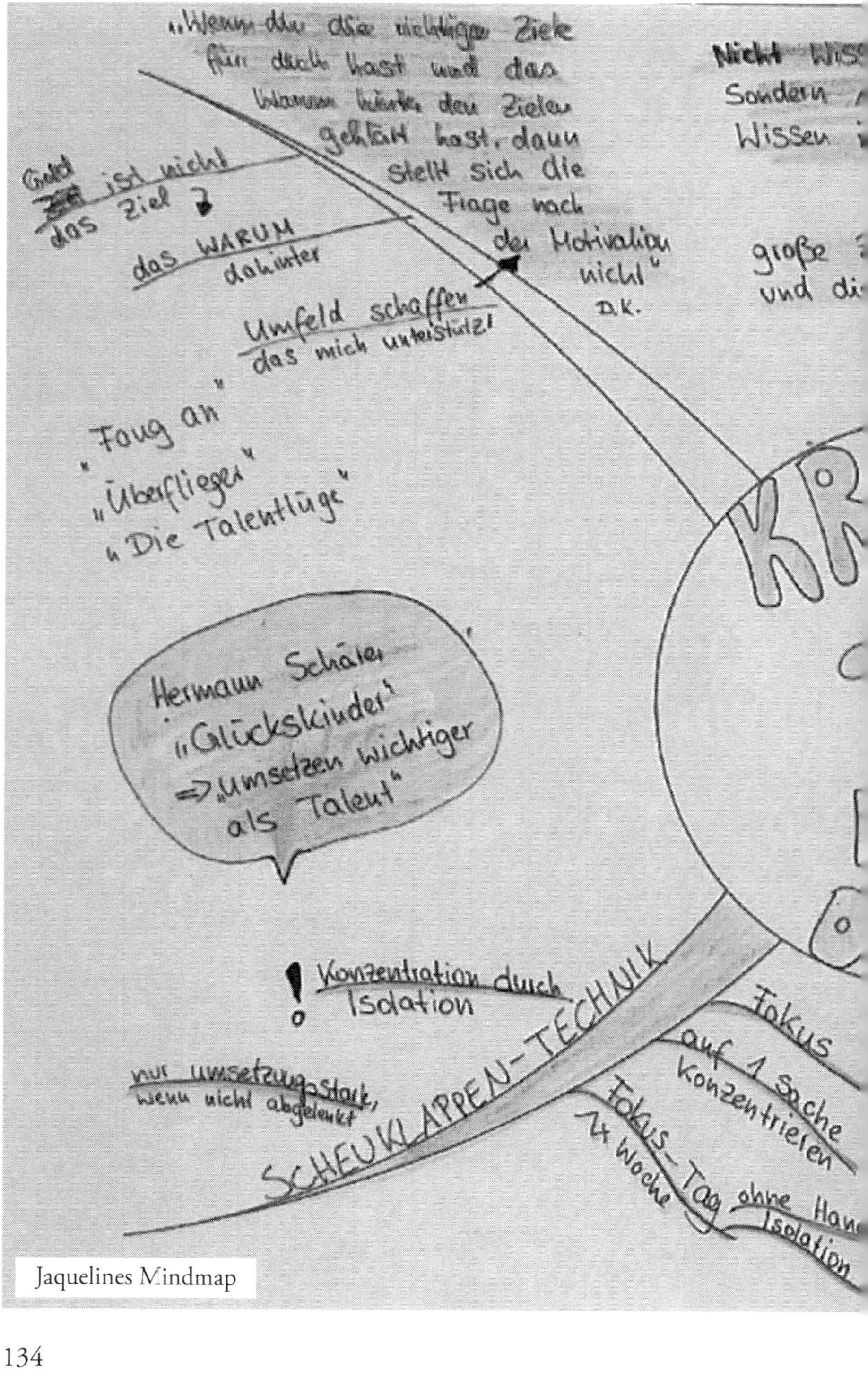

Jaquelines Mindmap

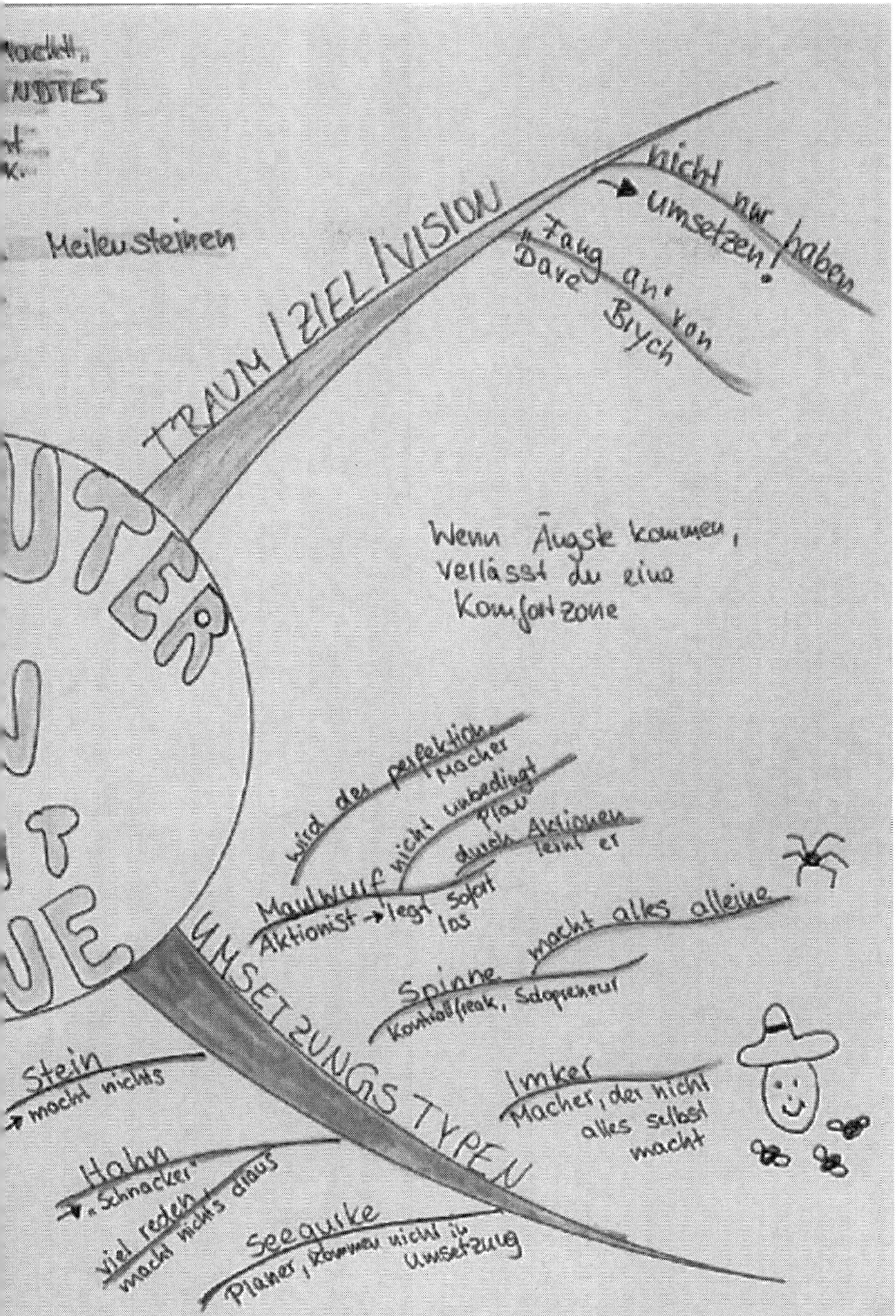
Meilensteinen
TRAUM | ZIEL | VISION
nicht nur haben
→ umsetzen!
„Fang an" von Dave Brych
Wenn Ängste kommen, verlässt du eine Komfortzone
UMSETZUNGS TYPEN
wird der perfektion. Macher
Maulwurf nicht unbedingt Plan
durch Aktionen lernt er
Aktionist → legt sofort los
Spinne macht alles alleine
Kontrollfreak, Stopmeur
Imker
Macher, der nicht alles selbst macht
Stein
→ macht nichts
Hahn
→ „Schnacker"
viel reden, macht nichts draus
Seegurke
Planer, kommen nicht in Umsetzung

FANG AN!

AUSLEITUNG

Alles auf Anfang.

Dieses Kapitel ist das schwierigste und härteste von allen, denn dieses Kapitel ist das Ende des Buchs.

Und in den letzten Stunden konntest Du beim Lesen Wissen aufsaugen, Systeme verstehen, praktische Beispiele kennenlernen – und das alles verifiziert durch authentische Geschichten von erfolgreichen Machern. Gleich schließt Du das Buch und sitzt alleine da. Meine Mission ist es, Dich bei der Umsetzung Deiner Mission zu unterstützen. Und ich würde mich freuen, wenn Du gleich, wenn Du das Buch zuschlägst, diese Ruhe nutzt und Dir eine Minute nimmst für diese kleine Übung: Schließe die Augen und stell Dir vor: Deine Vision ist umgesetzt. Das Ergebnis steht da. Schaue es Dir ganz genau an. Lass das Glück zu, spüre die Fröhlichkeit und freue Dich, dass Du es endlich erreicht hast. Sieh' in die Gesichter aller, die um Dich herum stehen und sieh', wie sie sich freuen. Lasse Deine Augen geschlossen und diktiere Deine Vision in Dein Handy. Speichere die Vision ab und sende Sie per Email an eine Person in Deinem Umfeld.

Sehr schön. Und jetzt: Fang an!

Dein Dave

DANKSAGUNG

Vielen Dank

Ich danke herzlichst Sascha Maynert für den entzündenen Funken zu diesem Buch und für das schöne Vorwort!

Weiterhin danke ich

Julia Bossert, Julia Panzilius und Sabine Kaluscha
Kristin Kill, Ronny Wunderlich, Patrick Plate, Michael Kotzur und Gerrit Hansen

Sowie meinen Gästen
Mike Fischer, Andreas Rinnhofer und Dirk Kreuter

Das nächste Buch ist bereits in Arbeit.

DU KENNST MEIN ERSTES BUCH „KOPF SCHLÄGT POTENZIAL“ NOCH NICHT?

DANN WIRD ES HÖCHSTE ZEIT!

ERHÄLTLICH ALS HÖRBUCH UND GEBUNDENE AUSGABE.

HIER GIBT ES DAS BUCH:

KOPF-SCHLAEGT-POTENZIAL.DE

Nutze Dein gesamtes Potenzial und bestell Dir mein "Potenzial Journal" für drei erfolgreiche Monate. Setze Dir Ziele, plane Deine nächsten Schritte und konzentriere Dich auf Deine Erfolge. Einen Blick ins Buch, Videos und Anleitungen findest Du auf www.potenzial-journal.de.

GUTSCHEINCODE EXKLUSIV FÜR DICH ALS LESER MEINES BUCHS

"FANG AN!".

DEINE NOTIZEN

Fang an und schreib es auf!